배순석 시집
반성 장날

배순석 시집

반성 장날

詩界

자서 自序

호락호락 하지만 않았던 나의 삶
겹게 넘는 아리한 고개
더불어 쉼표 찍어가며
생의 한 갑자 안아봅니다.
요즘은 높은 산만 산 아니고
뒷동산도 살갑다는 것을 느낍니다.
내게 빼뿌쟁이 같은 벗과 주위 분들에게
뚜벅뚜벅 인사합니다.

목차

제1부 고향집

고향 길 / 13
고향 반성 / 14
고향집 / 16
제비둥지 / 17
아버지의 허기 / 18
아버지의 양말 / 19
어머니의 궤도 / 20
어머니와 장독대 / 22
그늘 / 24
나비의 꿈 / 26
갈치찌개 / 28
소담한 무덤 한 쌍 / 29
찔레꽃 / 30
개똥밭에 꽃 / 31
벌초 / 32
내 몫도 있소이다 / 34
골목 / 35
밤꽃 내음 / 36

미꾸라지 / 37
가오리 연 / 38
봄날은 간다 / 39
쇠미꼬지 / 40
오춘기 / 42
빼뿌쟁이 / 44
까치밥 / 45
남채 밭 폐가 / 46
무화과 / 47
가시를 삼켜버린 새 / 48

제2부 반성 장날

반성 장날 / 51
부전시장 / 52
돼지머리 / 53
황태 / 54
오! 하나님 / 56
김밥한줄 / 58

붕어빵 / 60
변종매미 / 61
행복지수 / 62
짝귀 먼 사람들 / 63
부전역 잠이 들다 / 64
골목집 풍경 / 65
자본도 우정이다 / 66
야시분꽃 / 67
생존경쟁 / 68
그녀의 의자 / 70
자연산 / 71
의자 / 72
유통기한 / 74

제3부 관상

유통기한 없는 그는 / 79
관상 / 80
일상 / 82

어떤 결항 / 84
하루살이 - 일회용 전단지 / 85
하루살이 - 날품 / 86
하루살이 - 파지 / 87
황금빛 잣대 / 88
기대 폰 / 89
병뚜껑 / 90
등위에 다리 / 91
티눈 / 92
환영幻影 / 93
무임승차 / 94
잇몸 / 95
발톱 / 96
외뿔 / 97
똥개새끼 / 98
잡초 / 99
꽃 몸살 / 100
개 망초 / 102
만산홍엽滿山紅葉 / 103
겨울 칼바람 / 104
동토의 밤 / 106

제4부 눈물은 4월

요양병원 305호실 / 109
밥 좀 주세요 / 110
곁 / 112
웃으며 가시데 / 114
눈물은 사월 / 115

해설
삶에 있어서의 구도求道적 자아성찰
- 배순석의 시읽기 | 김보한 / 118

제1부

고향집

고향 길

뒷산에 풀국새 목쉬어 울면
탱주나무 골목 따라 비새 우르르 날고
아이들 손끝마다 꺾어서 참꽃 쥐고
한들을 흔드는 웃음 자운영 까르르 화들짝하고
파르스름한 뚝 방천 길 따라 이슥토록 봄철 내내
소풍 나온 햇살 아장아장 아장이었네.
짤그랑짤그랑 세발자전거 요령소리 맞추어
시꺼먼 기차불통 고함 내지르던 기적소리에
화들짝 허기진 도깨비불 놀라 달아나는
공허한 여운만 드러눕던 기찻길 빤한
포옹 퐁 밥 짓는 연기 하늘로 솟는 아득히
재 넘어 산을 넘어 어느 날 구름이 되던 동네
아이들 졸랑 따라서 꿈으로 내달리던
개암동리 고향 길

고향 반성

청 보리 이랑마다 푸른
종달새 서걱대며 알을 품는 곳
새벽밥 짓는 연기 마을끼리 손을 붙잡고
기슭엔 까투리 장끼 사랑을 앓는 소리 꽁꽁한
소리 찾아 아이들 내달리던 눈부신 그 들밭
개 냉이 쑤군대는 봄빛 거나한 쪽들 그윽이
옛 소리 달큰한 자래실 가운데 탕근배미
두둔배미 끼고 송구배미 개머리모티며 동도개미모티
공굴 다리아래 노내실 비뚤비뚤 흘러 떡보아래 느린보
느릿이 큰물 지면 용싯들 벙벙하던
철길 따라 버겁게 퍼진 기적소리 뽀얗게 하늘로
하늘로 올라 구름이 되던 동네
둥구나무 그늘도 성긴 3, 8일 장날마다
탈탈대던 빨간 완행버스 뽀얀 먼지를 풍풍 거리던
비포장 한길 너머 뚝 방천아래 입술 새파랗던 물장구
하늘이 빠끔한 여울목엔 송사리 버들치 소풍한창이던
뒤뚱뒤뚱 걸린 뭉게구름 징검다리 비켜 떠가는

할아비 기침소리 흠흠 이시면 뚜우-벅 아침이 뜨고
달뜨자 잦아드는 부엉이 소리
장단 맞추어 사립문 걸리던 개 짖는 소리 멀어지던
말끝마다 경어가 입에 붙어 정도 별스런
내 고향 진주 하고도 〈반성이라 예〉
꼬까신 같은

고향집

아버지 터 잡으신
경상남도 진주시 일반성면 개암리 442번지
내 태어난 안태
비빌 언덕을 찾아 고향집을 비웠던 반세기
옛집은 어느새 오른쪽 대문기둥에 "원불사" 란
이름을 걸어놓고 절집 되어 토라 앉았네.
내 머릴 깎지 않아선지
내 태어난 안방에 미륵불을 앉혀놓고
그간 나의 오지랖을 기다린 옆집 탱주나무 울타린
블록 담벼락으로 단단히 성질을 부렸고
가시나무 울타리 속 비비대던 비새 날아간 어디론가
애벌레 호랑나비 되는 꿈을
머리 맞대고 눈 맞추던 옆집 부연이 감감한
까까머리 아이들 왁자한 고함마저 귀 먹은
반질하던 골목어귀
사금파리 아래 꽃눈을 묻어 기다렸던 문패 바뀐 고향집
방문 위 걸렸던 할아버지 할머니 알고 계셨던지
사진 액자 속 웃음 반반하셨던
고향집 옛 기억 어디쯤

제비둥지

달랑 밥상 위 간장종지가 전부였던
두레 판의 유년시절
일곱 스푼 우애를 반찬삼아 배를 채웠던
올망졸망 잘 길들여진
지지배배 아웅 거리며 형제자매 둘러앉던
둘레밥상
밀가루로 양을 불린 가마솥 밥 위에 뜸을 들였던
할아버지 아버지 겸상에 올랐던 종지에 계란찜
어르신들 수저 놓기 바쁘게 쨍그랑하게 숟가락 다투던 소리
아버지 흠흠 거리신
형 누이들 쪼르르 허기에 징징대던
울음마다 줄줄이 순서대로 매겨진 이름표
칠남매 옹기종기
명줄 다독이느라 먹이 져 나르시던 아버지
아등바등 다잡아 둥지를 품어 안으시던 어머니
그 영락없던 제비둥지

아버지의 허기

말없이 농사지으시던
새끼 앞에 배곯은 소리 한 번 없으셨던
아버지의 허기
스스로 거둔 쌀 톨로 새끼들 추스르고
새끼에게 밥을 뺏긴 정작 아버지의 허기는
등짝에 붙었었지
쌀 한 줌 넣어 불린 시래기 죽 한 그릇
달디 달던 더운 밥 한 끼 제때 채우지 못했어.
제작질 끝에 허기진다고 타박이시던
한 끼니 귀하던 아버지의 날들은 그랬어.
말없이 허기 깊숙이 숨기시던 아버지 나이 짐짓
한 그릇의 밥줄에 말을 앞세우는 요즘
포만감에 나태해져버린 일상의 짓눌림에 겨웁고
날 세우던 투쟁 그 함성은 들을 수 없네.
아버지의 밥보다 더욱 절박해져버린
배부른 투정 아닌, 삶의 정규직을 향한
더욱 고달파진 아비.

아버지의 양말

나의 유년 내내 아버지의 양말은
아버지의 갈라터진 발바닥 보다
말라터진 논바닥이 먼저였던 어느 해
겨울 이맘쯤 나뭇짐을 내려놓으시고
검정 고무신을 탈탈 터시던 아버지의 발
무심코 드러난 발뒤꿈치
덧대고 덧기운 뒤꿈치 없는 양말
엄지발가락 불쑥 삐져나온 발등만 겨우 가린
발등양말
아비의 발바닥은 하도 두터워서
"얼음판도 *끄떡없다*" 하시던,
새끼들에겐 한 번도 발가락 내민 양말을
물려주지 않으셨던 나의 발 여태
맨발로 벗어주신 참 포근했던
아버지의 양말

어머니의 궤도

아버지가 터 잡으신 지게자리 항성을 중심으로
둥지 속 4남 3녀 우리 7남매
아버지를 중심으로 도는 어머니의 일정한 궤도에서
시차를 두고 떨어져 나온 연어새끼 같은 칠남매
새끼 행성들 부푼 꿈으로 도회로 떠난 일곱 신성
그 꿈은 머리 굵을수록 항성에서 더욱 멀어져
항차의 궤도를 번번이 벗어나
항성에서 멀어지는 새끼 행성들
군인 간 아들들은 삼년의 시차로 항성을 중심으로
어머니의 궤도를 따라 넘나들었고 시집간 딸들은
기약도 없는 새로운 항성을 꿈꾸어 꼬리별을 이끌어
그녀들의 새로운 궤도를 개척하고 있고
저녁이면 어김이 없으시던 항성의 중심인 아버지
꾸부정한 어머니의 궤도를 놓쳐 중심을 잃고
돌아올 수 없는 먼 다른 은하의 별이 되셨는지
떠난 아버지의 항성과 새끼행성을 기다리시던 어머님은
처음 돌던 그 궤도를 놓칠세라 처음 그 궤도로 돌면서
새끼행성들을 기다리며 홀로 지키던 밥상에 입맛을 잃고

곡기를 끊으신 해마다
그날 아버지의 지게자리 별자리 앞에
일곱 행성은 어머니의 궤도에 횡렬로 줄을 서서
정갈한 밥상 앞, 새끼행성들의 궤적과 항차를 꼼꼼히
챙기시는 어머니 궤도

어머니와 장독대

여명이 심지를 돋우던 하얀 새벽
어머니의 정갈한 장독위에 정화수 맑은 물
사발을 떠놓고 손금이 닳도록 빌어 올리시던
어머니의 자작 경 장독대 독경

"어진 우리재앙님 동서남북 어딜 가도
묵고 자고, 묵고 자고"
"사방천지 대죽마다 무탈하고 칭송받고
사랑받는 어진 우리재앙님 ~ "

품 떠난 새끼들 앞 가름을 샅샅이 굽어 살피신
어머니의 장독대엔 당신의 기도로 영근
정화수 맑은 치성으로 불러들이신 칠성님
내 태어나기 한참을 앞선 하늘부터
어머님이 챙겨 가실 가물가물한 북두칠성까지
치뜨면 불경할세라 마음쓰임을 낮추고 낮추어
새끼들 위해 손금 털리던 가지런한 이름마다
그 독경소리 낭랑하던 장독대
당신을 위한 독경은 한번 없었던 정갈한 장독

스스로 오르내린 독백소리 귀 기울인 가만히
반질하던 독경소리 텅 비어있는 가뭇없는
어머니의 장독대

그늘

아주 작은 그늘 이거나
늘 보잘것없는 햇빛 숭숭한 그늘에서
미처 평안한 곳이라 생각지 못하고
그늘이 아닌 줄 무심코 지나쳐 살아왔네요.
그 푸르던 날들 이미 꿈결이고
옹이진 외줄기 가지만 남은 날
환하게 비추고 있는 햇빛 있음을 알았지요.

그늘은 늘 우리의 세세한 삶의 언덕이었음을
알았습니다.

나의 부모님
나의 가족 친구들 사이에서
내가 비비고 기대었던 작은 언덕
사연만 켜켜이 쌓여 남은 그 속
손잡아 이어준 인연 알알 하네요
아옹다옹 부대끼며 늘 하찮게 지나쳤던
그림자 같았던
아주 큰 그늘의 기억에 눌려있었던

세세히 작은 그늘로 기댔던 언덕 따스한
내가 비비고 앉았던, 비록 작지만
나의 보석 같은,
아주 소중한 그늘 이었습니다

나비의 꿈

누에는 번데기 되기 위해
한 생애 송두리 째 뽕잎을 감고
비단실 똬리 고치 튼 속
오롯이 날아오를 하늘을 꿈꾸어
탱주나무 꽃눈 따라
성긴 햇살로 내린 푸른 생명
쓰디 쓴 탱주 잎 갉으며
하늘을 꿈꾸는 호랑나비의 꿈

꿈은 끝나지 않은 도전이며 또 다른 시도

몸부림의 새벽은
오로지 날기를 위한 몸짓
나의 아버지 어머니처럼
그 아버지의 아버지와
그 어머니의 어머님이 그랬듯
옭매인 굴레 탈피할 날갯짓
누군가 시방
쓰디쓴 세상을 퉤퉤 뱉으며

지독한 생의 질긴 올가미를 갉으며
언젠가 푸른 날개로 비상할
나비를 꿈꾼다.

갈치찌개

푸른 혀를 날름이며 담장을 기어 넘던
한 마리 애호박 넝쿨이 한창 기세등등하던
그 더운 여름을 후후 불어 볼록하게 새끼를 밴 듯
애호박 느긋이 썰어 깔고 늦여름 볕살로 보글거린
칼칼한 밥상위에 올라온 "애호박갈치찌개"
저녁상위에 둘러앉은 살집 깊은 여름날
모진 날들이 바다를 앞세워 질러오는
혓바늘 돋운 무수한 가시들
그 기진한 구미를 달래어 매큼하게 익혀온
우리들의 여름을 칼칼하게 어루만지는 혀끝
땡볕에 굴러 난산 끝에 해산한 여름의 끝은
자라실 어머니의 콩밭을 호미자루 닳도록 거둔
콩자반이 매웠고 닷새마다 서던 오일장날
파장에 떨이로 불콰한 아버지의 손에 이끌려
지푸라기에 묶여 건들 거렸던 갈치 서너 마리
늦어가는 볕살을 거두어 칼칼하게 녹아든 밥상 위
그 여름 저녁 달디 달았던 애호박 갈치찌개

소담한 무덤 한 쌍

새벽별 이슬 먹고
헤진 고무신 흠뻑 젖도록
매끄러운 논 두덩 꼬불꼬불한 논배미
새끼들 앞날을 위해 물꼬 트셨던
농사꾼이셨던 아버지 힘져 끙끙은 등살
거북이 딱딱한 등껍질처럼 굳어 삐쩍 마른
탕건배미 논배미를 쏙 빼닮았었지
어머니의 시계는 언제나
열차의 기적 소리 마다 시간을 걸어 놓았다가
때맞추어 12년간 새벽밥을 지으신
새싹을 돋우는 오묘한 순리는 또 어떻게 아셨을까
한 톨의 알곡도 거둘라치면 그 겨웠을 것
몸소 터득이시고 아무도 돌아보지 않는 일터
평생을 여 나르신 살던 집 빤한
한골 꼿꼿한 콩밭 콩깍지들 도열했던 그날
새끼를 거둔 숭고한 표식이었네
콩깍지 엎어놓은 저 소담한 무덤 한 쌍

찔레꽃

어느 햇살고운 날 떠나보낸
어미 무덤 위
하늘로 간 어미 그리워
가늘게 눈물짓는 한 떨기 하얀 찔레
잇몸도 선연한
나풀대는 희디 흰 웃음 다섯 잎
가슴 접질리는 사무침은 피어오르고
아기 찔레 재롱에 설움 잃고 생글한 웃음에 젖네.
찔레꽃 가시 돋우던
풀국새 꺼억 꺽 그리움을 토하는 날
어미 그리워 새끼, 그리워 피는
창백한 별빛에 아침이 서럽던 날
우윳빛 진한 어미모습 그립은
찔레꽃 핀다.

개똥밭에 꽃

똥내 향기 있어 똥파리 알을 까고
똥물 먹고 자란 꽃대
삼투압 왕성하게 들숨 날숨 한창인 때에
향기 오른 마디마다 꽃 내 사분사분은
하늘대는 그대 꽃이듯 똥거름에 꽃을 번다.
척박 할수록 꽃대 쑥쑥 올려
새끼 호되게 다스리는 어미의 본능
새끼도 어느 날 하물며 꽃이 될런가.
개똥 속에 꼭꼭 감춘 씨
바람 불어 맑고 맑은 고운 날
고까운 새끼이름 부르면 개똥참외 넝쿨 조랑조랑
개똥밭에도 꽃피고 향기 은은 있더라.

벌초

1)
할아비 수염잡고
깨금발 걸음 재롱떨며
머리 빡빡 깎았던 손자
할아비 되어 손자 데리고
할아비 머리 깎아 드리려
구절초 깔깔대는 묵어 가뭇한 산길
이름 모를 나비 날고
소쩍새 울음 지나치는
머리 쭈뼛쭈뼛 서고 땡벌이 기승을 부리는
을씨년스러운 수풀더미 고즈넉이
오래 빗지 않아 산발한
할아비 할미 기척 없고
맨발로 반기던 이 빠진 할미
손자 자랑 어수선한 날.

2)
억새 수북한 기억 속
오래 비웠을 기울어진 무덤 집
배꼽인사 꾸뻑할 사이 없이
위잉 잉잉 기계 낫 소리 놀란
땡벌이 길길이 날뛰는 할아비 집
넙죽 잔술 한잔에 묵은세배
할아비 목구멍에
술 한 모금 넘길 사이 없이
길이 막힌다고 소란을 떠는
빤한 핑계대고 부리나케 돌아서는
손자 뒤통수 대고
"바쁜데 자조 안와도 괘 안타"
내년에 꼭 오란 말뜻이라, 귀 눈은 꽤 밝아
빙긋 이던
방문 위 걸렸던 할배 가뭇한

내 몫도 있소이다

누런 개떡종이 흑탄 심 나왕연필에
국산품 애용 표어 아래 재생지공책에 침 묻혀 썼지
새마을운동 방천수리 삼태기에 자갈을 날라
한미원조 악수표 밀가루 교환표로 허기를 때우던
경제개발 5개년 무시로 흙 수저 물고 태어나
교실 아닌 실습장에서 책 대신 새마을공장에서
마대 한껏 눈물 담았고 공돌이 공순이 사람으로 살자고
머리채 채여 잡혀 개창 나며 노조 만들어 대들었었지
사람같이 살아 보자고 거리거리 민주화 외쳐대며
최루탄가스 범벅 됐었던 민주며 인권이며 노조
지금 챙겨먹는 그거 그대들 만든 것 아니네
그러려 만든 거 아니었지
나라다운 나라 후세로 물려줄 아름다운 강토
몸으로 때울 수밖에 없었던 애국
입에 풀칠이라도 하며 부끄럼 없이 살자고
숨 막혀서 입이라도 열고 살자고 만들었던 것을
제 것인 양 차지하고 누리는 그것 그대들의 것만 아닌
당신들 제몫 챙길 때 아비의 이름 위태하게 짊어졌던
젊어 용기 있던 늙은 아비 어미들 침묵하고 있는
그네들 몫도 묻어 있소 잘 가꾸시오
아이의 아이 그 아이들의 몫도 있소

골목

참 야트막하게 얽힌 미로였지
기어 나오고 기어들던 길의 들머리
언덕길 반질하던 기억도 희미했던
굽은 할미의 꾸부정한 등짝처럼
낮게 쪼그린 슬레이트 얹은 지붕이 즐비 했어
닥지닥지 붙어살던 정다운 이웃들
손금같이 쩍쩍 갈라져 꾸불꾸불 얽힌 골목은
헐벗고 살았던 휑한 날들마저 참 따뜻했던
낯선 듯 빤하던 좁다란 미로 찾기
재빨리 달아나는 날랜 골목길 바람 뒤따라
카랑한 아이들 천진난만한 얼굴
환하게 기억을 더듬어 뛰쳐나오는
명줄같이 끈끈한 손바닥 같던 골목 빤한
귓가 그때가 와자지껄하다

밤꽃 내음

우묵 배미 산비탈
풀풀한 밤꽃 질펀하게 뿜어댄
풋내 나는 유월
산 버찌 붉어 흔드는 나절
장맛비 잦아들어 서둘러 자욱한 밤꽃 내
퍼져 스멀스멀 안개비 기어든
과수댁 풋 몸살을 앓고 서둘러 눕는
원초적 본능 살아난 향기에 취해
몸 닳는 것들 풋풋한 몸살 한창이네
멀리 장끼 사랑을 앓는 소리 꿩꿩
귓불이 후끈 달아오른, 그윽한
유월, 매큼하게
지천인 밤꽃 내음

미꾸라지

개천에 용 난다는 속담
강 넓은 곳 두고 하필 실개천에서
도랑 치고 가재 잡던 그 호랑이 담배필적
묵은 옛 속담 반감 없이 떠받들던 그런 때
비오는 날 으스름 개울가 물안개 피는
구름 속을 솟아오르는 용을 보았다는
뒷집 순애누이의 확인되지 않는 얘기 더러 있었지
잘 흐르는 개천에 용 바라지 말고
도랑물 함부로 흐리지 마라세요
흙탕 진 윗물 대를 흘러 내리 썩는데 미꾸라지들
용케 살아 버텨 내는 것 시대를 짐 진 탓
세상 일 모르네요. 윗물에 밀려서 강으로 간
미꾸리 쑥쑥 커 난세에 짠물 먹고
화들짝 용틀임 낼 줄 아무도

가오리 연

서툰 아이들의 얼레 질을 물고 흔드는
가오리연 느슨해진 목줄
재빠른 챔 질에 하늘에서 신명을 푸는
팽팽하게 날아 솟구치는 가오리 한 마리
바동바동 버둥대는 하늘가에 자유 한껏 누리는
사금파리 으깨 찹쌀 풀로 공들여 백사 입힌 연줄
탱탱한 저항에 옭매인 숨줄
댓살로 빚은 강골 진 등뼈 얼굴 빵빵하게 부풀리고
깐들 대며 자유를 향한 몸짓 열망에 그까짓
긴 꼬리 바람에 먹힌들 뱅글뱅글 비칠거리며
너의 세상으로 곤두박질치는 그 춤추기 바쁜
제 딴엔 가오리연세상 온통

봄날은 간다

슬그머니 토시던 봄볕이
기어이 돌담을 넘는
산 빛은 온통 푸른 물감을 푼
수채화 휘적거린 풍경 속
까투리 스멀거린 기슭 따라 배암을 부르는
횟대기 소리 "떼에" 풋 버들 몸을 비트는
산하를 건너 은은한 볼 빛 붉어 엷은 살굿빛
봄비 한 자락에 지천으로 꽃 지는 향기마다

봄, 바람이 잦더니 그날 꽃은 자지러지더라.

꽃이 울며불며 떠나는 봄날 따라
노랑나비 떼춤을 추어대는
아지랑이 허물 벗는 유채 밭 샛길 아슴아슴은
기억을 흔드는 청보리 풋내 은밀한 속
바람은 유월 은빛 비늘을 번뜩이며
장끼 솟구쳐 날아간 언덕 빤한, 넘어
봄날은 간다.

쇠미꼬지

1)
칠월 칠석 때면
은하수 건너 쇠 먹이러 간다.
설렘에 안달 나던
견우직녀 해마다 딱 손 한번 잡는
오작교 아래에 너들 사랑을 엿보는 날
그 아래 볕살 깊은 여름날엔
까치는 오 간데없고
요놈 보면 다그칠 요량
곰곰 곱씹으며 풀어놓은 소
욕쟁이 할배의 살찐 콩밭 쑥대밭을 만들어
송씨 할아비한테 붙들려 쇠고삐 잘리고
소 안보고 먼 산만 봤냐며
야단 먹고 혼쭐날 때
그때 먼 산
그림자 꼬리도 도통 못 본 날

2)
칠월칠석날은 약물이라
쇠먹이는 아이들 쇠미꼬지 잔칫날
참외구신 불러놓고 찐빵 망태 할배 꼬누고
야시꼬리둔갑을 하던 구미호에 귀 쫑긋은
통시각시 밤마다 벅수 넘어 오싹한
등줄 서늘한 얘기 보따리 풀어놓아
뒷간 지켜 섰어야 밤마다 마음 놓였던
까치는 오작교를 건넜을까 올해도 통 보이지 않던
그놈을 기다리던 칠월칠석 쇠미꼬짓 날
자라가 알을 품던 버드나무 엉거주춤한
판장 방천 찬 샘 아래
그날, 머리 벗겨진 까치를 처음 보았던
은하수 흐르는 오작교는 갔다 왔는지 소문만 분분한
칠석날 멱 감는 물 약물알고
호염 좋은 약물에 까진 머리 퐁당 이는
약아빠진 까친 줄
세미꼬지 그날 비로소 알았네.

오춘기

희뿌연
사금파리 아래 꽃눈
또래 소녀가 걸어 나오자
또래 소년도 있었지
아뜩한 시절 저 편 너머
토라져 돌아서던 그날
소녀가 서럽도록 아! 그립은

노을에 타는 빛이
저렇게 고울 줄은 미처 몰랐네. 예전에
저 고운 것 오늘
외려 고와서 서러운 날
가락에 촉촉이 젖은
젊은 날에 몸져눕던 그날
새벽 희붐하도록 밤잠을 설쳐
곱은 노을만 서러운 것 아닐 거
소녀야 소년은 어디 있느냐

꽃이어라
연분홍, 소녀의 볼 꽃빛 물들던
기억은 깊어 흩날리지 아니해도
너무 빨리 달아나버린 시절, 서분은 소년
마음 차라리 눈물이다
버릴 것 서로 없는
지는 꽃잎에서 졸고 있는 노을까지
미쳐 애타던 그간에
다시는 못 볼 것 같았던
시리도록 곱은 오춘기를
냅다 걸어가는
소년아 소녀야

빼뿌쟁이

자박자박한
아무도 탐내지 않는 질박한 땅
반반한 길에서 밀린
빼뿌쟁이 터 잡은 황톳길 가장자리
발 대죽 아래 밟히고 분질러 으스러져도
누구 불러주는 이 없었다.
아무도 나서지 않았던 척박한 땅
살찐 것들은 엄두도 못 낼 속절없는 터
일생이 모두 까발려져 땅에 코 박고, 접질려
절박하게 뿌리박고 버틴
지금까지 시시한 투정은 사치다
힘들다고 함부로 말을 흘리지 마라
남루한 씨알 하나 붙들고 목숨 줄 부지한
깔딱 깔딱
새끼를 위해 전체를 던지고 있는 그
빼뿌쟁이

까치밥

가을볕을 거두는 하늘 귀퉁이
거두다 만 쪽 가슴 달랑 챙기지 못한 고수레
헛헛해서 남겨둔 젖가슴을 찾아 동네 뒤란을
뒤지던 허기를 쫓아 아이들 꾀죄죄하던
젖배를 곯던 아이마다 울음을 달래던 그때다
여느 새끼 가릴 것 없이 눈까풀 풀죽은 시절
쪽으로 가슴 나누던 오죽한 천지 제비새끼들
봉긋한 가슴 나누면 함박 즐겁던 새끼들의 입
그 튼실한 때를 놓치고 올 새끼 있을라.
아랫목 이불 밑에 묻어두던 따끈한 가슴 한 쪽
놋쇠 부푼 밥공기
하늘 끝에 달랑 매단, 가슴 하나
까치밥

남채 밭 폐가

감나무 숲을 이룬 매실 골 숲길 들목에 막 남채 밭 하 넓던 마당 앞을 버티던 솟을대문 간데없이 휑한 고 스란히 볕을 쪼던 암탉 꽁무니를 수탉 날갯깃을 곧추 내려 붉은 뒤태를 훔치고 줄무늬 고양이 뒤를 살그미 꼬나보는 음험한 오후나절 녘
 두어 돌계단 올라 대문을 열면 해주정씨 뿌리 '根'자 윗대 대대로 쩌렁쩌렁 했을 안채
 대 이을 고추에 한이 되었던 그 아래 여식들 줄줄이 네 자매 설움 깊었을 뿌리 끊어진 종가의 간절했던 고추밭 흔적도 없는 오래된 감나무 듬성하게 늘어선 풀 죽은 볕살 아래 널브러져 벌어진 배추밭 대를 끊어 불호령 고추같이 매웠을 외증조 할아버지 고얀 소리
 가물가물 저문 남새 밭 폐가

무화과

대롱하게 매달린 탐스런 여름
무르익은 살집 깊은 여름 보이지 않는 꽃, 여태
달랑 달랑 산달이 가까운가.
젖가슴 퉁퉁 불은 꽃은 어디도 없는
뽀얀 유액 삐치는 불룩한 꼭지
선불러 베어 문 젖무덤 덥석
혀끝에 와 안기는 달짝지근한 꽃 내음
아뿔싸,
꽃이 한창 젖가슴에 숨었었네.
하마 꽃이 다칠런가. 새끼를 품은 어미
어미의 이미 꽃인 새끼
아하,
새끼는 모두 어미의 가슴 이었어
살 깊은 그 뜨거운 여름 포롬하게 품은
새끼는 모두 어미의 꽃 이었어
그래, 무화과
꽃을 품은 어미 가슴으로 새끼를 치는

가시를 삼켜버린 새

오랜,
솟대높이 기다림에 지친
외로운 새 한 마리 하늘바라기
파리해져가는 외로움을 달래려 울컥
가시를 삼켜버린 내내
찔린 가시에 가슴을 앓는
가시를 거두면 그리움 돌아 서려나
손꼽아 기다린 애달프던 날들은 이미 가고
홀로 남은 기러기의 서러운 가슴마다
가시 같은 외로움을 뱉으려다
도로 삼킨 마중물 같은 그리움은 지고
아 어쩌나, 미늘로 가시박인 목구멍 깊숙이
짝을 찾아 부르던 울음마저 벙어리 진
굳어버린 저 나무기러기 솟대 높이
가시를 삼켜버린 새

제2부

반성 장날

반성 장날

고향 반성엔
3일과 8일에 오일장 서는
빨간 완행버스가 사봉으로 지수
개암다리건너 한골 빤한 가숲지나
돈데미 발터 재 넘어 뽀얀 먼지를 풀풀거리며
남산 네거리로 분분하던 그해도 막바지에 든
연신 설레던 반성장날
손때 먹고 자란 참깨며 콩
고르고 고른 마른고추 서너 근
때로는 보리쌀 됫박에 새끼줄엔 장닭 투덜대고
뒷다릴 탈탈 털며 팽팽하게 버티던 숫염소
고삐 줄에 뿔을 세운 어미염소 목 놓아 새끼를 부르는
돈을 사는 게 아니라
정을 사고팔고 정을 주고받는
그간의 인사치레 시끌벅적 안부가 파장까지 걸리던 장터
두 손 잡은 사돈네 시집보낸 딸네소식에 눈시울 불콰한
들었다 놓았다 뜸을 들이던 촌부의 손에 끌려가던
진동 개펄을 첨벙이고 온 날큰한 갈망조개
날물에 죽방렴을 삐져나와 새벽 첫차를 타고 내달려온
남해 생멸치 끼고 문어 퍼질고 앉은 비탈진 어물전
반성장이 서던 날

부전시장

    공짜와 떨이로 판을 치고 앉는 부전시장
    "떨이요 떨이, 자아~ 한 소쿠리 3천원", "그저요 그저" 전대달린 앞치마를 두르고 목청을 돋우는 천원에 2묶음 상긋한 밀양깻잎이며 성주 참외며 자리 바꿔 앉은 청도 반시 전봇대 아래 삼천포 아주머니 어물전자리 차지한 조피볼락 옆 포항가자미 모로 눈을 흘기고 남쪽바다에서 새벽 첫차를 타고 부전역에 방금내린 생 아귀 깊은 동해바다를 머금고 대 왕 문어가 곤한 다리를 쭉 뻗는 시장야전은 생짜배기도 으스대며 농익은 이력 거들먹이며 소쿠리마다 느타리 표고버섯 소복이 질컥이고 곧추세운 땡초고추며 오이고추 아삭거리는 비탈진 감자 너저분한 곁을 명지 대파 바짝 다잡아 앉은 송정쪽파 틈 없이 퍼질고 앉은 궁둥이 비비대면 엉덩이들 틈이 되는 싸움자리
    기장 생멸치 떨이로 풀이 죽은 건어물집 마른 황태두름 걷어 들이는 어스름 때 중국산에 의기양양한 대홍방앗간 빻다만 양양 태양초 여남은 근 매운 내 맵싸한 시장파시 객기로 한창 치뜬 눈을 파장소주 몇 잔에 눈 내리깔고 찔꺽거리는 선술집 간이의자에 불콰하게 기댄 고단한 하루 떨이로 비운 빨간 고무다라 해질녘 꾸부정하게 드러눕는 입동 언저리 부전시장

돼지머리

부전역전 건넌 시장 들머리
푸줏간가판대 위 돼지머리 나란한
살아 네발 딛고 하늘을 볼 수 없었던
돼지머리
굿판 같은 세상을 엿보며
죽어 하늘 우러러 히죽 웃고 있다
꽥꽥거리며 똥오줌 그 지린 밭 마다않고
낮게 끓고 살았던 생을 접고
처음 문을 여는 어느 개업 집
윗자리 턱 차지하고 앉아 위풍당당하게
내려다 볼 그날
어깨 힘주어 거들먹거리던 놈하며
완장차고 목에 깁스한 목불인견 무릎 줄줄이 꿇리고
의기양양하게 수표든 봉투 입에 문 네 앞에
복비는 짓들 하도 아니꼬운지
생전 올려보지 못한 하늘보고
눈웃음 실실하게 쪼개는 그날은
돼지 네가 머리다

황태

날이 채 밝지도 않은 새벽
부전시장 건어물집 붉은 차양아래
희붐한 전등 빛을 머금은 바싹 마른 명태두름
푸른 아침을 건너는 눈부신 유영 끝에
만선의 깃발이 만장처럼 나부대던
지친 파도마저 울어 눕는 적막한 항구
이력이 난 명태 잡이 어부의 손에 이끌린
바다를 토하던 장렬한 할복 그의 최후
관습에 찌든 세속을 버리고
죽음보다 깊은 노을도 붉은 골짜기
멀고도 먼 출가의 하늘이 닿은 강원도 용 대 리
벌목으로 세운 덕장 하얀 갱도 막다른 산골
입도 달싹 못하게 아가미 코뚜레 꿰고
주권을 잃어 고스란한 젖은 빨래처럼
징용으로 끌려간 강점기 앳된 아비들이 그랬을
생명의 끄나풀에 모진 수난의 막장
얼었다 풀리기를 제 몸 바쳐 보시한 긴긴 동안거
혹독한 바람 앞에 별마저 칩거에든 날
빠끔한 하게 뚫린 하늘을 꿈꾼 미지의 바다

새벽 별빛에 선잠을 깨 돌아온 젖은 아가미들
칠흑을 건너 내장을 비우던 물알의 목어
석양빛에 제살을 발라 몸을 풀든 황태
설익은 입질로 재갈물린 천형의 묵언수행 중
도량 진 몸 반듯하게 등을 편 금빛 도반들
싸릿대로 어깨 나란히 꿰여 적멸로 든
누런 두름 황태

오! 하나님

부산역전
전지전능하신 주 하나님
KTX 타고 천국을 가시려나.
찬송가 부르며 별의 별 하나님 계단에서 배웅 융숭하네.
도시를 건너뛰는 현대판 타임캡슐 고속열차 속
배웅한 하나님 보이질 않더니
쫑알대는 아내의 바가지 소리 피신한 아파트 베란다
언제부터 하나님 세는 버릇 하나 둘~빨간 십자네온 열셋 넷
어라 며칠안본 그새 하나님 한분 더 느셨네.
우리 동네 하나님 천지가 진짜인지 가짜인지
십자가 똑같고 키 크고 작은 낮고 큰 그중
어느 집이 참 하나님 집인지 참 헷갈리는

종로3가 지하도
신문지 깔고 썰렁한 깡통 앞 외다리 걸인이 앉은
지하도 계단
엄마 손잡고 지나던 아이
"엄마 저 아찌 아야 해" 엄마손 뿌리치고
호호불어 깡통에 동전소리 "땡그랑"

가슴을 깨우는 울림 경쾌한
돌아보고 뒤돌아보고 가는 저 아이

오호라 하나님 독생자 2016년 전에 죽고
하나님가고 없는 이 땅 어디 하나님 없음 확인
일탈에 분별 않는 아이의 순수한 저 맑은 눈
통제라~ 21세기 나의 하나님 아~멘

김밥한줄

허기가 줄을 선 김밥 집
"아줌마 기름칠 하지 말고요"
"네에"
김 위에 뜨거운 밥을 편 고슬고슬한 위에
여름을 벌컥대고 길게 눕혀진 오이 우엉
그 위에 계란지단 노란단무지 올리고
시골 촌부의 맨손으로 거둔 고단한 생을 아는지
그녀는 습관처럼 얇은 비닐장갑을 겸손하게 낀
간결한 솜씨 돌돌돌
따끈한 이름으로 말리고 있는 김밥 한 줄
생각 없이 허기 채우던 김밥한줄, 어!
뜨겁지 않은 것은 쉬 말리지 않는 김밥도 질서가 있었네.
나긋나긋해야 길들여 모양잡기 쉬운
곧추 세울 일만은 아닐 세상살이, 그렇다
뻣뻣한 김 한속도
뜨거운 밥에 숨을 죽여야 보드랍게 말리는 법
태도 뻣뻣이 성깔한번 분질러본 일 없는 그간
젖어 굽이진 세상 한 모퉁이를 비틀어
뜨겁게 한번 데워본 적 없었던 나의 쓰임새 여태껏

김밥 한 줄도 뜨거워야 쉬 말려지는
허기 앞서 뜨겁게 말리는 김밥한줄 나긋이
숨은 순리 있었네.

붕어빵

붕어빵 굽는 빵틀 속에서
똑같은 붕어빵들이 굽히고 있다
어쩌다 속 터진 붕어빵 한 마리
삐져나온 내장, 앙꼬에 더 군침이 돌든 붕어빵
아이들의 사고思考를 어른들의 잣대로 재어
붕어빵처럼 똑같이 굽어가는 아이들의 틀 있다.
그 틀 삐져나온 앙꼬처럼
획일화 된 틀을 뛰쳐나와 제 딴 소리 지르는 놈
박물관에 진열된 박제된 주장을 박차고 나와
틀 속의 갇힌 생각을 깨고 있는
자신의 가치로 온전한 이름으로 일어서는 중
붕어빵 틀 속을 삐져나와야 잉어가 되는
번데기 견고한 틀 속에서 벗어나야
나름의 날개
나비로 날 수 있는 법.

변종매미

섣부른 욕심에 숲을 떠나
높다랗게 널브러진 콘크리트 숲
변이된 숲 헤치고 도시로 날아간
풀죽어 회반죽은 회색담벼락
오케스트라 소리 곱던 씰룩 매미 음률 간데없이
끓는 빌딩숲 절절이 높은
사이 좁은 골목 닥지닥지 떼지어 붙은
거대한 변종매미 날개 짓 잉잉대며
골목마다 혹혹하게 울어대는
" 꺼~럭 꺼럭 털 털 털 "
변이된 숲 빠끔 열린 하늘을 보며
변종매미 목이 쉬는 도시의 후미진 골목
고단한 생 그 팍팍한 생똥 싸는 버둥질로
빠끔 뚫린 하늘 꿈꾸어
내일을 갈구는 헉헉한 변종매미 미생은
한숨 더러 있다

행복지수

하늘 보고 땅치고
히죽히죽 웃는 그는
바보라고 놀린대도 그저 웃는, 그렇다
세속을 뛰어넘어
다른 차원을 넘나들며
왕희지의 필적처럼 흙바닥을 휘갈기며
중얼중얼 신과의 말다툼을 해대는
노래하는 새들과 인사를 넙죽 나누고
은밀한 세상과의 문답하네.
히죽인다, 혼자
머리에 꽃을 꽂은 그이
씻지 않아도 개의치 않는 몇날 며칠
하늘과 신과 꽃과 나무와 새
인간이 알 수 없는 경계를 넘나들어 소통
항상 즐거운 바보 그
무애한 그의 즐거움을 방해 하지마라
즐거운 그의 행복 지수는 항상 만땅
아직도 멀었다 우리는

짝귀 먼 사람들

어버 버 어버 버
옆집 법자 아줌마의 답답한 말짓
속내 내뱉는 언제나 똑 같은 말
어버 어버 버벅 대는
그 속에 사랑 따뜻 챙겼고 눈물 쏙 담겨있는
간혹 뿔처럼 성난 삿대질도 도사리고 있다
그의 말은 모두 어버버로 시작해서
어버버로 끝내는 진솔한 의사소통
그는 오는 귀먹어 말을 알아듣지 못해도
거짓을 마저 듣거나 말하지도 못한다.
귀 열고 그의 올바름을 듣지 못하는
우리는 그에게 모두 귀머거리
들으면서 듣지 못하고 말하지 못하는
한쪽으로 귀 열고 한쪽으로 말하는
우리 모두 끼리끼리 짝귀 먼 사람들
어버버 어버버

부전역 잠이 들다

 달디 단 서생 배 밭을 한창 치근대다가 기장갈치 번뜩이는 송정 양지에서 해풍을 머금은, 시금치 실파 향이 알싸한 풋내 왈칵 내려놓던 동해남부선의 종착지 부전역. 군 입대 송별로 손 흔들던 아릿함이 차창 너머 흔들리던 떠나보내는 아쉬움과 돌아올 그리움이 손을 맞잡아 흔들던 서로의 안녕에 반반했던 이별을 왈칵 쏟았던 부전 시발역. 동해의 물빛 푸른 물미역이 몸을 풀 때쯤 한림 벌을 가로질러 매실 향 지천인 원동을 덜커덩 거려 밀양 유천 솔밭에서 움을 튼 달래 향이 역전 새벽식당서 토장국 뚝배기 상큼하게 안부를 어깨동무 한 반가움이야 꼬신 내음 지글거리는 화톳불에 왁자한 꼼장어집 오롯한 그리움 스멀거리는 가을밤, 하며나 올 기별에 귀 쫑긋이는 막차로 지는 어둠 속 다리 길게 뻗힌 동해남부선 종착지.
 잠이 부치는 부전역.

골목집 풍경

  목 좋은 대로변 비켜 들앉아 이슥한
  탁자 둘 붙어 다닥다닥 엉덩이 겨우 비집어 앉는 골목집식당
  잘 익은 홍어 내 왈칵한 푸세식 곰삭은 뒷간을 오가며 눈인사 듬뿍 정 묻은 모 수학학원 이 샘도 셈을 내리는 으스름 녘 허름한 철재다리 모 닳은 중고탁자 찔꺽대는 영판 공사판 일당바리 정씨며 전기공 시완이 각기 다른 날품을 접고 앉는 고단한 저녁녘 홑 젓가락 서로 서로 짝지어 앉는 한바탕 정나미 걸판진 쥔 주 영자 아지매 손끝으로 마른 놈은 찌고 젖은 놈은 끓여내고 질긴 놈은 탕탕거려 내놓는 그 손맛에, 방안 탁자 은백 한의원 정 원장님 턱 차고앉은 골목 후미진 식당 쥔 심성에 잘난 거시기나 못난 거시기, 미생 한 생 한 모금 불콰하게 눈인사 서로 맞대 탱탱해진 힘줄 풀고 다리 걸쭉하게 뻗는 꿋꿋하게 벼른 오늘을 거두어 밤이 늦도록 소소히 익는 골목집 풍경

자본도 우정이다

말라 비틀어진 길목의 대폿집 안주처럼
자본주의 핥고 간 우정을 자해하고 있었다.
잇속의 논리 치밀한 잣대에 인성이 해부되고
값의 단계마다 야비하게 매겨지는 친분
손익의 득실이 주판알에 튕겨지는 친구의 순번
얄팍한 계산에 친구사이 절단 나는 대폿집
굳어가는 취기에 헛바닥 공허하게 외쳐대는
"우정을 위하여, 위하여"
계산 치룰 것 없이 외론 밑천 사정없이 털린
가난해서 더 살갑던 친구끼리
대폿값 서로 먼저 다투던 마지막 밑천 아니던가.
엎어진 빈 잔속으로 기어들어가는 헛헛한 외침
"위하여" "위하여" 급히 봉합되는
다정도 철철 넘치는 세상사(세상寺) 살가운 도반 놈들
취기 굳어 비틀거리는 나의 혀
목구멍 도로 기어드는 소리
"우정도 자본이다."

야시분꽃

점심때 들리는 밥집
종가 마당 양지 바른 곳
분꽃이 꽃잎을 야시꼬리하게 치떠
내리꽂이는 햇살 덕에 요염한 교태
살포시 앙증스레 간지럽기까지 하다
날마다 입술을 오므렸던 저녁 어느 날
야시시하게 입술 벌리고 노란 분칠 연지에
엣지 붉게 넣어 치장 요란 하더니
밤마다 야사한 웃음 배시시 물고 앉았네.
요것도 꽃이라고 비바람 마다않고
밤 마실 사부작 자주 야시 짓을 떨던
며칠을 못 본 그새 홍안이 발그레해져
꽁지 아래 포름한 알을 훔쳐 품고는
불퉁하던 입술 부끄러운가.
눈 내리깔고 어쩔 줄을 몰라 하네.

생존경쟁

1)
명태 대가리 안주로 앉은 골목집 야전 탁자
난상토론 입씨름에 놓쳐버린 입맛 서너 발치
호랑줄무늬 고양이 탱탱한 힘줄 숨겨 토시는
끝내 씹히지 않는 명태 전 대가리를 벼락같이
물고 넘은 담장아래 빠드득 뼈를 으께 삼키는
이빨 짓을 끝내고 비린내 묻은 발톱을 핥고 훌쩍
담장 넘어 날렵하게 사라지는 야성이 꿈틀대는
강한 놈 먹이를 나의 입맛에 맞출 수는 없다
먹이에 입맛을 가꾸어 이빨을 더욱 날카롭게
갈 구어야 살아서 버틸 죽느냐 사느냐

2)
산길이던가.
허기를 채우려 등짐에 품었던 김밥을 먹다 김밥 속
우엉 묵은 강다리 삼키지 못해 퉤 내뱉은 발아래
누구의 기별 듣고 왔는지 점점이 모여든 개미 떼 지어
사각사각 갈구는 소리 훨씬 부드러운 이빨 짓이다

작다고 얕보지 마라, 저기
떼 지은 개미에게 백배 더 큰 사마귀 꼼짝없이 먹히는
세상 갈수록 생존경쟁 치열하고 온통 강한 놈 천지다
내가 살아 버틸 수 있는 건 생존경쟁에서 밀린 초식뿐
목숨하나 부지하기 간당치 않은 적과 아군도 당체
구분 안 되는 위험천만한 오늘
내일을 살아 버티기 위해선
이빨을 더욱 갈 구어 먹는 자 만이 살아남는 약육강식
먹느냐 먹히느냐 죽은 자에겐 내일은 없다

그녀의 의자

그녀의 손맛에 자주 들리는
실비주점 목마 푸짐한 집
매번 말짱하던 등받이 의자가
노란 포장 테이프로 깁스를 했다
고단한 일상,
늘 취기로 기대던 술꾼들의 등살에
혹사당한 그녀의 의자
접질린 마디마다 관절염을 앓고 있고
오래 버틴 그녀의 휘어진 다리는
골다공증에 삐걱 거린다.
골골거리던 의자 하나가 술주정으로
앰뷸런스에 실려나간 그 자리
어디서 구르다 온 중고의자
낯설지 않은 평퍼짐한 엉덩일 까고
중고의자 끼리 툭툭 안면을 트고 있고
새삼스럽게 신고식 같은 건 없이도
네 종아리가 빡작지근하도록 엉덩일 비벼대도
명퇴를 당한 남정네들 편히 앉을 곳 없던
곤죽은 중년의 저 중고 엉덩이들을
말없이 받아주는 먹성 좋은 그녀의 중고의자
중고끼리라 그녀도 다 이해한다.

자연산

펄펄뛰는 통영중앙시장 활어시장 좌판골목
빨간 고무대야가 갑갑타고 몸부림을 치는
참돔 감성돔 농어 살아 버둥대는 횟감
"5인분 넉넉합니더 5만원만 주이소"
흥정에 대뜸 "아주머니 자연산 맞아요?"
살아있는 활어도 자연산 찾는 서울억양 근동아줌마
사람이 키우는 어느 것 없이 자연산 귀한
제 새끼도 소젖 먹여 키운 말 안 듣는 소 새끼 아니던가.

옭매여 똑같이 길들여진 사람 세상가두리 속

물려받은 부모 DNA 제쳐두고 뼈와 살 얼굴 장기까지
계산된 표정의 가면으로 바꾸는 성형외과 세태 즐비한
똑같은 빵틀로 구워낸 똑같은 표정들
신체발모수지부모 물려준 본디모습 간데없이
제 딴엔 눈을 째고 콧방울 높여 주름 잘 다려잡은
본래 순박한 모습 구석도 찾을 길 없는
뻔질나게 성형외과 들락거린 양식한 몰골
살아 숨 쉬는 펄떡거리는 싱싱한 활어 앞에 두고
갈아엎은 관상으로 자연산 찾는 사람 많은 요즘
왜 뜯어 고쳤소. 그렇게 찾을 자연산을

의자

그는 요지부동의 자세로
오늘도 마주할 상대를 기다리며
다리 넷으로 버티어 섰거나
밋밋하게 등받이 없는 신세 되어
항상 찾는 사람보다 서둘러
갈 곳 잃어 떠도는 임들을 마중하고 있어.
먼저 찾아 갈수는 없어도
마음씨는 늘 똑같은 그 자리
비에 멍들어 초췌한 몰골이라고
홀대당해도 불평 한번 없었어.
허물어져 내팽개쳐 지지 않으면 참 다행한 일.
버스 정류장이나 지하철 또는 공원모퉁이 도처에서
솔로 음악의 선율도 챙겨 듣고
곰곰은 사색들을 물고와 깊은 사유에 든
골똘한 그녀들을 맞아서는 매번 다독인다.
남보다 먼저 안락한 자세가 소원인 그는
어떤 불평도 묵묵히 갈앉힌 강철 같은 구조물의 벤치
고만고만하게 받아주는 인내가 그의 직업이다.
누구에게 편안한 받침대가 되는,

인내심을 베풀어 요긴한 이웃이 되려는
곱절은 썩은 그의 심장을 닦아야 알리.
아무도 널 찾지 않는 날 참 외로웠겠다.
삭혀서 꼿꼿한 사제가 된
의자.

유통기한

통영중앙시장 외진골목
어물전을 비켜 앉은 좌판 위
파장에 떨이로 쌓아놓은
한창 물이 간 갈치 한 무더기
팔팔할 땐 어물전 얼음 위
시퍼런 칼춤을 번뜩이며 낱마리 값을 튕기던
팔팔하게 물 좋던 시절 있었던.
어물전 생선보다 유통기한 짧아진
어깨 쳐진 육십 밑장
이 시대 아비들 누울 좌판 그 어디에 없는
유통기한 훌쩍 넘겨 팔다만 갈치보다 못한
아무도 불러주지 않는 정년에 밀려 나앉은
물이 한창 간 이름만 아비
그 아비들 한물간 간 갈치 먹고 한때
시대의 중심 가족의 등골이었던
새끼들 입을 거두던 그늘 이었어
굳은살 옹이 져 등 굽은 계급장 달고
쳐진 어깨가 훈장이던 아비들 늦은 볕살 진 구석자리
닥지닥지 앉아 자식들 제 새끼만 챙기는

눈에 넣어도 아프지 않을 손자보다 뒷줄로 밀린
설움을 서로 보듬는 유통에서 한물간 갈치 한 무더기
하늘로 팔려나갈 그 날까지 책임에는 유한한
한물간 아비들의 유통기한

제3부

관상

유통기한 없는 그는

달랑 달랑 유통기한 넘은
지난 틈 사이에서 돋아난 친구들 생각에 젖는, 골똘히
안락한 포장마차에 등받이 없는 의자
끝이 없이 마주한 술잔에 묻고 되묻는 생각 속 친구
부르지 않아도 먼저 달려오던 이름표를 단 친구 녀석들
수첩의 주소록에서 이사한 가위표에 질식한 이름들
느닷없이 찾아온 청첩장속 친구의 모습
온통 붉게 동그라미 친 달력 그 이후
동그라미 가득하던 수첩 가위표 다시 빼곡하던 또다시
사라진 친구의 소식들
가위표 뚫고나온 참 바쁜 생각의 틈
포장마차에 홀로 그때 앉은 생각의 자리는 비워도 다정스레
오지도 않는 생각의 옆자리 비워둔 채 항상
언제라도 기다리는 그는 유통기한 따윈 없는

관상

먼저 보낸 친구의
영정사진 속 웃고 있는 모습은
어머니의 태궁을 나서며 울어 찡그린
첫 팔자주름부터 그의 몫이고
굴곡 깊어 굽어 살아온 흔적 고스란한
아버지를 훔치고 어머니를 닮아간 눈언저리
시방은 웃고 있다
헐벗어 왜소한 이웃에 지킴이고 싶었던 기개를 앞세워
수번의 사법시험 낙방 후 외항선을 탄
어부보다 바다를 더 닮아와
시대의 반골로 굳은 철창도 마다않던
콧대 세운 두 콧구멍 벌렁댄 다혈질
육중한 아래턱으로 변절된 시대를 갈구든 패기
때로는 궁핍한 식구를 다스리다 입은 비뚤어도
불의에 바른 말 쏟아내던, 타고난 관상이란 원래 없었고
죽어서 웃는 그의 야무진 일생이 그의 상이고
영정사진 속 그의 흔적 고스란히
웃고 있는 친구의 아니꼬운 눈꼬리 피식
그가 비틀다만 삶 그럭저럭 살만 하냐는

구차한 나의 상을 한참 깐죽대 웃는
친구의 관상은 꿈꾸던 생의 흔적이 고스란히 각인된
더듬어 살아온 살아있는 지문이었어.

일상

최저인건비
시급 오천 오백 팔십 원
한 해가 지는 막바지
하루를 버티려는 새벽 줄서기에
날품을 팔지 못한 긴 하품의 날도 있다.
하루살이 삶으로 박재되는 목수 박씨
그의 건설현장 한창 때엔
목수에서 철근 공으로
그의 손끝에서 하루가 뜨고 지던
그 굵던 철근도 철사 몇 가닥에
고단한 그의 삶도 나긋 거렸고
쇠못 몇 개에 마무리 될
그의 못질 몇 번의 여정은 깊다.
벌어 지속한 시간들을 떠올리며
막노동판 굳셌던 나이 든 박 목수
콘크리트처럼 딱딱하게 굳은 무딘 근력
최저시급 오천오백팔십 원
하루를 겨우 버틸 그 날품에도 밀려서는 안 될
너나없이 절박함에 내동댕이쳐지는 2016년 봄

어제를 견디고 오늘 버티는
가쁜 명줄의 끄나풀
간당간당하게 디뎌온 하루의 삶. 일상

어떤 결항

절뚝거리며 걷는 친구 광석이 에게 편지를 썼지
길을 잃은 소식이 걸음을 다쳤는지 답장이 없다
수술하면 멀쩡할 걸음을 마냥 기다린 지 수십 년
다리가 아니란 것을 친구도 가슴으로 보냈을 것을
지독한 바람에 친구의 편지가 뜨지 못했는지
마음을 종종인 수 삼년, 심하게 또는 심하지 않게
모두가 생각을 절뚝거리고 있고
다리를 저는 사람보다 생각을 저는 사람이 더 많은
스스로의 틀 속에 갇혀 절뚝절뚝 가슴을 저는 모두
지팡이를 짚고 비록 걸음을 절뚝이며 가슴을 절지 않던
친구가 옳았네. 고약한 바람에 풍랑이 심하게 일어
출항도 이착륙도 안 되는, 오랜 결항으로 소식이 끊긴
그들만의 소통에서 소외된 올곧은 가슴걸음 하던 친구
지독한 엄살로 부는 바람에 공항마다 또 결항 이란다
지난번 나의 생각에 멀쩡한 친구의 가슴을 고쳤을지
마음이 동당 치는데 다시 편지를 보내야겠네.
가슴걸음이 반듯하면 절뚝거린들 어떠냐고

하루살이
— 일회용 전단지

쓰윽 쓱
쓰는 빗질에 체이는 새벽
어느 노숙인 이 덮었을 일간스포츠지 속
가출한 전단지
채 식지 않은 온기 왈칵한 잉크 내
살내 덕지덕지한 스포츠란 광고란에 짓눌려
삐라처럼 흩어져간 구인란 전단지들
몸매 반지르르한 나이트클럽 무희들 쭉쭉 빵빵한
희멀건 다리 들어 포스터 춤추는
일당바리 품꾼들이 깔고 밤새 토설해댄
토사물로 범벅된 어제의 몰골들
사정없는 청소부 빗질에 찢기고 분 질려
등 굽은 노파의 손수레위 널브러진 대형 전단지 아래
다급한 하루살이 소형 구인란 소리 숨죽인, 종내
분쇄기속 살을 발라 팔팔한 놈은 재생지
재생지조차 도태된 가장 낮은 몸짓으로 살다 갈
몰아쉰 한 모금, 절규
일회용 전단지

하루살이
- 날품

반사 안전띠 두르고
미명한 새벽을 깨우는 미화원아저씨
지독한 어제를 갉아먹다 토악질해댄
용도 다한 하루살이 날품들을 쓱쓱 쓸어 담는다.
쓸어 담긴 힘진 한숨 속 끈적끈적한 비음
질겨서 버틴 생 몇 가닥
대빗자루 든 미화원아저씨 앞 다급한 요행 붙들고
벼룩신문 기웃이는 날품, 하루살이들
넘치는 구인란에 밀려 독한 술로 달랜 팔다 남은 품
잉크 내 핼쑥한 쫓겨난 하루살이 근자의 몰골
메슥거린 속 멀미로 요행마저 탈탈 털린
냉골 같은 아침 해 바라기 따라
안전띠 두른 미화원아저씨 빗질피해
곤죽은 하루살이 힘줄을 불끈 세워
환한 아침 오늘의 끼니를 꿈꾸는
하 루 살 이

하루살이
- 파지

간밤의 다급한 소식을 물고
득달같이 쫓아오는 아침 일간지
머리기사에 밀려난 지난 소식들이 뒹구는
보도 위 어제의 석간
일당바리 잡부가 펼쳤을 저녁술상
찢긴 전단지 덤으로 쫓겨나는 어제의 일갈들
육중한 무게로 걸렸던 일간지 머리글 아래
길길이 날뛰다 해체되었을 전생들
유신 때 시퍼렜고 오공 때 더욱 시퍼렇던
긴급조치 계엄령 땐 더욱 서슬이 퍼래
활자 아래 입 재갈 물렸던 꿀 먹은 벙어리 시절
바른 소리 잉크 물다 된통 파지로 숨어들던 화장실
날품 팔던 하루살이 전단지 겨우 면한
혹은 일당바리 일간지 시급제 다급한 폐기직전 파지
한때는 자본에 맞선 노동조합 깃발아래
대모뉴스 첫머리 어깨 으쓱인 활자물고
한때 팔자 좋았던 일생, 파지

황금빛 잣대

어스름 때라
굽은 노파의 파지 실은 리어카를 따라
종종거린 하루의 일상이 절뚝거리다
퍼질어 앉은 그림자의 뒷모습
두 손 모은 합장으로 등을 토닥여 마감하는
꾸부정한 하루
바삐 걸었던 위태한 날들 보다
느릿하게 삐걱댄 근자의 나날들 평온한
신발보다 무거운 하루를 끌며 마저 넘어야 할
끝나지 않은 줄에서 줄로 이어진 빛깔로 남을 생, 아직
비뚤하게 그어진 지난 뒤안길은 눈금 한 줄도
의미 있었네.
황혼의 금빛 실핏줄을 타고 넘은 기어이 오늘
한금 더 그어지는 황혼에 빛나는 실 눈금
가늘게 몸을 터는 안도의 이 시간
한 눈금도 버릴 수 없는 참 질기고 아름다웠던
황금빛 잣대 위

기대 폰

눈귀 없는
기계벌레 쪼매난 놈
시키지 않은 기별을 척척 감지하고
드르륵 갑작스런 전율로 알림의 몸을 떠는
친구의 소식 간간히 불러오고
묻지 않은 안부도 물고 온다. 스스로
어디서 배웠는지 몸짓부터 부르르 떠는
히프를 탈탈 털어대는 알림의 여운으로
살그머니 잊은 것들의 꼬리를 잇는 기대 폰
참 기특한 요놈 보거라~
우유 먹여 키운 제 새끼밖에 챙길 줄 모르는 세상
부모 자식 간 기별의 먼 인사도
때로는 와 닿아 은근하게 기댈 끈 다잡는
버둥질 미약한 밥 굶긴 일 말고는
몸짓이 예사롭지 않거나
부고 같은 호외의 알림이 현실로 버럭버럭 다급하게
소리 몸으로 지를 때 기대 폰 쪼매난 네게
가끔은, 머리 쭈뼛
나도 모르게 바짝 쫀다.

병뚜껑

제 몸에 옷을 맞추듯 알맞게
욕심 지나치면 거품이 되어 넘쳐나는
힘의 경계를 틀어막는 저 병뚜껑

몸도 긴장을 늦추면 느슨하거나 억압의 뚜껑 열고
땡땡해지는

뉘 손끝에서 잘 짜 만들어진 견고한 판
어느 자리던 편안하게 잘 맞는 자리 안성맞춤
노론소론 남인서인 사대당파 싸움질에도 끄떡 않을
어느 판이든지 난장판이면 누긋이 다독거릴 줄 아는
꼭 맞추어 가두고 억누른 그 쓰임새의 병마개
탕평책을 우선으로 아집의 한쪽 힘을 온몸 전체로
떠받들고 있는 부동의 저 병뚜껑
태평성대로 한 시대를 살다가 쓰임새 다하면
값없이 휘둘리고 다급할 때 불려와 기우는 주춧돌
그 아래 한쪽을 가장먼저 떠받드는 상것들 그랬을
다정한 이웃으로 쓰임새 요긴한 염치 있는, 그
병 따까리
기우뚱한 탁자 한쪽다리 얼씨구나 떠받히는 말없는
민초 닮은 저 병뚜껑

등위에 다리

스스로의 등은 볼 수 없듯이
내 등, 내 얼굴을 볼 수 없다
주어진 나의 짐 내려놓고 보면 하잘것없듯
타인의 등짐은 거룩하기만 한
나의 등짐은 여태 한 번도 보질 못했네.
누구나 버틸 수 있는 딱 그만큼의 등짐을 져, 값있는
가볍게 진 자신의 등짐이 더 무거운 법
등짐 진 딱 그만큼의 무게로 세상을 사는
고단한 불평 한번 없이 세파를 걸어온 묵묵히
타인의 등짐을 생각는 다리도 있다
눈길에서 멀어져 소외되어 우리가 놓치고 있는
그 없이 한순간도 버틸 수 없는 두 다리
당연할 것인 줄로 예사롭게 지나치는
묵묵히 버티고선 다리의 노고는 더욱 위대하다.
다리 없이 등짐 한발대죽 턱도 없다

티눈

오른쪽 인지 끝 깊은 통증으로 만져지던 화두 티눈
근 몇 년을 보채다가 몸살 앓는 내게 주어진 업보같이
딱 달라붙어 옹이처럼 굳은 티눈 더는 그의 인내력에도
버티지 못하게 티눈고약을 붙여 불리고 감싼 근 보름께
기어코 반창고와 함께 떨어져 나간 생살을 앓았던 운명
같던 티눈 어정쩡한 연분으로 오늘까지 용케 견뎌내며
참고 참으며 옹알거림 한 그였지만 이젠 이별을 하려네.
벙어리 냉가슴을 앓듯 그 티눈 염치에 몸살한창 혼했어.
오른쪽 인지 끝만은 아무도 범접 못한 그의 안방이었지
나의 나태한 생을 조용히 타일러 태클을 걸어주던 그는
숱한 지난날을 절뚝이며 함께 견뎌왔던 너의 올곧았던
오른쪽 인지 끝 나의 회초리 티눈 내려놓으려네. 이제

환영 幻影

누군가 물어다 놓은
하도 고까와라 가을 네 빛
오래 마주보고 있자니 그 빛 너무 아찔해
하얗게 취한 탓에 세상은 온통
시야는 복사되어 한치 앞 깜깜한
눈을 감아도 어른거린 환영 뿐
아무것도 보이지 않았네.
가을빛을 등져야 눈부심이 사그라져
서로를 가늠을 수 있는
작은 틈새마저 너무 화악해서
서로의 모습 분간을 수가 없는 가을빛
어둑한 몰골 가뭇하게 걸어 나올 그
애절한 누구였던가.
가을빛 하얗게 찔린 나는
무엇에 홀려 꿈을 꾸고 있었나. 여태
가을빛 환영에 사로잡혀
아무것도 보질 못했네. 나는

무임승차

온전한 삶에 편안한 차표 한 장을 위해
불속 물속 넘나들며 잘 다듬어진 낫이 있다.
시퍼렇게 날을 세우던 빛은 바래져 갔고
흔적 같은 생채기에 반창고처럼 달라붙은
아들의 표를 위해 줄섰던 아비의 굳건했던 등짝
길 닦고 잡초 베고 오지 않는 차례를 기다린 지 오래
흐르지 않는 차례의 질서는 무너져 혼탁하고
저들만의 무임승차 줄 끼어들기에
줄어들지 않는 줄의 이어짐 여전한, 아직
골병 깊은 아비들의 굳은살 박인 표 어디에도 소용없는
꼬리 줄 뒤쳐진 멀찍이, 닳고 닳은 표를 쥐고 선 이미
무임승차향유나 금 수저 쥔 유전무죄 무전유죄
골병에 치매든 발발 떠는 아비들 여전한

잇몸

평생, 세상을 원망한 이빨 짓에
더는 버티지 못한 잇몸
앓던 이빨을 치과에서 마저 뽑았다
허기져 깨물었던 젖꼭지
아프단 어머니의 비명에 그때 알았어야 했을,
애초에 감내할 것부터 차근차근 씹었으면
어떤 이빨 짓도 버텨냈을 잇몸
하찮은 이빨 짓으로 씹힐 것들의 내성만 키운
너무 강한 것을 물고 흔든 이빨 짓에
임플란트도 못 심는 물러터진 잇몸
종내는 물려 입은 헐렁한 추리닝 바지처럼
식각을 잃어버린 틀니로는
새끼의 이빨 짓도 이내 감당하기 버거울 잇몸
못 넘을, 단단한 입맛들은 갈구지 말고
조금은 더 부드러운 이빨 짓으로 다스려야 했을
한참 세상을 더 오물 거려야 할 잇몸
단단한 잇몸 없이 이빨은 턱도 없다

발톱

양말 속에 감추어져
손톱보다 나중으로 밀리는 발톱 언제나
너 없이 땅을 박찰 수 없고
손톱보다 항상 먼저 달렸던 웃자란 발톱

그믐밤엔, 발톱 깍지 말라 하시던
아버지의 발톱을 꼭 빼닮은
손톱보다 우직한 그놈을 다스리던 으스름 녘
한 번도 곧추 세운일 없이
또각또각 나긋하게 잘려 나가던 순간, 토각
양말 속 감추었던 야성 날렵하게
손톱깎이에 고삐 자르고 부리나케 토낀 그날이후
어둔 하늘 빼꼼히 몸을 숨겨 차가운 별을 토시는
발톱
낮게 움츠린 어둠을 가로질러 그 초생으로 뜬
깜깜 하늘 뱁새눈 갸웃한 발톱 날카롭게
또 다른 별을 품는가,
초승달

외뿔

승자도, 패자도 없는
세상은 온통 뿔들의 힘겨루기
불통의 뿔을 세워 마주달리는
타협을 거부한 치열한 질주본능의 경주
맞닥뜨린 뿔과 뿔
세력을 잃은 뿔들은 부러져 나뒹굴고
상처 선연한 훈장 같은 아집의 외뿔들 뿐
한 치의 소통도 없이 짝 뿔을 꿈꾸며
무시로 들이대는 뿔과 뿔이 부딪히는 비음들
양보 없는 수평으로 도열한 팽팽한 긴장 속
수직으로 일어서려는 무수한 뿔들의 신음
부러진 뿔들은 또 다른 뿔을 키우며
살아 버티기 위해 더욱 날카로운 뿔을 다듬는
패자는 말이 없고, 승자만의 독식인 오늘날의 정의
내일을 도모할 뿔은 오로지 외뿔 뿐
시대는, 누구를 위하여 뿔을 품던가.

똥개새끼

여차하면 국민을 우려
제 잘난 그 맛에 민주사회가 성취된 줄
목에 빳빳이 힘을 주는
우두머리 착각하는 입이 싼 정치판의 꾼들
대갈통이 터지고 목이 터져라 못 살겠다고
소리소리 지를 땐 쥐구멍에 대가리 처박고 숨어
절박할 때는 낮게 엎어진 여린 백성 못 본 듯이
몸을 사려 꼬랑지 내리고 국외로 튄 놈들
이젠 민주사회 제 것이란다, 민주투사 들먹거리는
저들도 복날에 개 맞듯 맞아봐야 개새낀 줄 알아차릴
자유민주주의 낱말아래 국민을 졸로 우려먹는
개만도 못한 똥물에 튀길 정치의 주둥아리 짓들
이름 없는 민초들이 들고 일어나 피 터져가며
되찾은 주권을 제 것인 냥 물고 흔드는 정치면 사설들
짖어도 바로 짖어야 박자가 맞는 도리
개가 들어도 웃을 정치판의 꾼들,
똥개도 제 새끼똥구멍은 깨끗이 핥을 줄 안다

잡초

폭설예보에도 아랑곳 않고
보도블록 틈과 틈새 낮게 풀 한창이네
돌아갈 생각 않는 잡초들 스크럼 짠 대모 대
동지를 훌쩍 넘긴 섣달
한 삼동 칼바람 눈발로 얼어터지기 가까운 날
어깨에 팔을 얽고 전진 구호를 외치며
한 올 느려터진 가느다란 햇살에 몸 발가벗긴 항거
앙칼지게 다그치는 칼바람 맞서 귓가의 쟁쟁한 구호
앞세우고 전진이네
온몸 최루탄 가루 범벅으로 맞서던 코끝 맵던
깡다구 진 그 내성으로
후미진 틈 눈 내리 덮자 파르르 몸 바락바락 치떨며
강제로 쫓겨 난 재개발구역 세입자 함께 잡초들
데모 한창 저항으로 목숨 줄 연명을 꿈꾸는
삶의 틈과 틈 사이 스크럼 짜고 거대한 벽 맞서
외쳐대는 보도블록 위 절대 잡초들

꽃 몸살

아무도 가고 없는
홀로 견디는 꽃 옴팡진 양달
중부지방 대설에 한파주의보 내린
볕살지면 음지양지 따로 없는 한 삼동

꽃이 견딘다고 앉은자리 따사롭단 생각 함부로 마라
꽃을 피웠으면 새끼는 보고가야 할 당찬 포부로
무자식이 상팔자란 말 귀 닫고 견디는 여태
새끼 없이 살아보면 할 말 아니네.
새끼가 없어 외로워 본 서분은 그 근동
깡패새끼면 어떻고 지지리 모자란 놈이면 또 어떤가.
혼사 늦다 다그치는 투정 새끼 못 본 꽃 앞에 못할
호사 넘친 배부른 소리네
조금 늦들면 어때, 영역표식 넓혀 짝 찾을 한창인 때
핏줄 이을 새끼 있는 그 꽃 한없이 부럽네.

후끈했던 몇 날에 도통 새끼 감감한 느닷없이
꽃이 떠나려는 이별 그 통보 일기예보 듣고
바람 아주 드센 날

이별에 사무칠 가슴 다스린 산행 내내
앓고 나면 가뿐할 몸살한번 질끈 넘을
금정산 남문 국수집
이 시린 생탁 한 병에 따끈한 어묵 두 꼬치
그러네, 오천 원에 가뿐할
꽃 몸살

개 망초

낮 밤을 가늠을 수 없는
안개꽃 분별없이 흔들리는
희붐한 백야 같은 날
내 미쳐 알 수 없었던 꽃
물안개가 실 비단처럼 자욱한
풀숲 홀쭉히 꽂인 냥 모가지를 흔들던
안개꽃 반긴 줄 알았지
뿌연 실비 때문만 아닌
뒤따라올 누구 있는 줄 착각이었지
돌아보면 흔들리는 꽃 흔적은 멀어져가고
희미한 차양 속 한참이나 눈에 걸리던
이윽고 빛 속으로 차츰 사라져 간 착각속의 꽃
아무도 불러주지 않아도
한 번도 화병에 꽂힌 일 없는 고운 풀꽃
뇌리에서 머문 적 없는
하얀 두건을 두른 망초 군락
나라를 잃은 그날 이름처럼 수수하게
처음 불러진 망초
개 망초

만산홍엽 滿山紅葉

불이야 불
산아 불 들어간다, 윗도리 내리 아랫도리로
만산홍엽 온통 불바다
시절 하나 건너기 버거운 이때
한 점 부끄럼 없이 볼 붉어 익은
제 몸 제대로 활활 태우는 다비식 뜨거운
이승을 건너 저승 소식 닿은 곳
머무르다 건너는 계절의 강 화악
내려놓으라네, 한 짐 무거운 인연의 덫
미움도 경계도 허물어 놓으라네,
모질은 만산홍엽 그 붉은 속내를
불판이야 불 난장판
타드는 가슴 가슴에 질러라 불
지고 넘기 힘진 속 깊은 이맘 때
불이야 불
산아 불 들어간다.

겨울 칼바람

1)
문풍지 뚫지 못한 겨울 칼바람
입김 한 모금 봉창에 얼어 꽃으로 핀
문 밖에서 울어버린 꽃
그대 성깔로 새겨놓은 연서
붓다의 설핏한 미소 였던가
지복한 아난다의 눈물 이던가
여기와 울어서 꽃이 되는 사연
이 시대 살긋이 왔다가 고드름 되는 꽃
어디서 오는지 도무지 모르고
어디로 가는지 더 더욱 모르는
그 꽃 아주멀리 얼어붙은 만주벌
말 달리며 내뿜던 대조영의 입김
아득한 고함 숨었을지 아무도 모르는

2)
시공을 넘나든
오래전 아주오래전 피었다 간
나의 창문에 입 맞춘 너의 이름 선연한
코끝 맵싸한 창밖에서 성글어
살긋이 실눈 떠와 입맞춤하는
주몽이 입김 들이켰던 말달리던 그 산야
모두가 잠들어 있는 숙면의 새벽녘
무슨 연유 있기에 오천년 예서
영겁의 인연을 건너 불려와
미래불 올 듯이 도로 못내 가실 줄인 서리꽃
시방 아무도 모르네,
피었다 가는 서리꽃 어딜 줄을

동토의 밤

불러도 들을 수 있는 귀는 없구나
칼바람만 가로지르는 얼어붙은 동토
아무의 것도 보이지 않는 들판
이 밤 누가 울어 대는가 애절하게
살아 있는 뭇 것들은 낮게 움츠렸고
틔운 싹은 함부로 자취를 들어낼 수 없는
태동을 멈추게 하는 결빙의 밤
뉘들의 고집은 원칙을 넘어 이미 아집이 되었다.
타협은 기척조차 없는 절벽의 밤
낮과 밤 교차도 먼 암흑의 동토
길길이 날뛴 기나긴 여정은
이젠 무언의 합의로 고요하다.
긴 후유증에 시달린 절박한 긴장
목숨 줄 위태한 어둔 이 밤에 씨알들은
차가운 이성은 싹눈을 틔워 놓고
봄볕 같은 소통을 기다리는, 이 동토의 언저리
지금은 무언 중 불통의 한밤중
어둠이 짙을수록 새벽은 멀지 않은
밝게 빛나 오리라, 더욱
동토의 붉은 새벽이여

제4부

눈물은 4월

요양병원 305호실

좌천동 제일나라 요양병원 3층 병동
간호사실 앞 305호 입원실
하나 둘……. 여섯 병상 현대판 고려장 터
연세 높은 89세 강 임순 할머니 모로 꼬부라져
3년 전 앓아 눕혔고 앞 침상 72세 정 정자 내 모친
일어앉지도 눕지도 못해 귀저기 차고 간병인 아주머니
똥오줌 수발받기 11개월 차 말짱한 할머니들 간간
새끼들 다툼으로 독거노인보다 더 생기 잃고
치매 또는 뇌출혈로 인한 인지장애 및 수족마비로
주치의 원장님 회생불가 대기판정
대기환자 모두 짧게는 몇 달 길게는 10여년씩 버려진 채
호스 꼽은 코로 멀건 미음으로 연명중 보호자 간데없고
어쩌다 마주치는 문병 온 피붙이 애틋한 감정도 겹쳐져
어미 버린 이방인 같은 딸년들 어쩌다 오갈 뿐
고려장 터에 끌어다 놓은 처음엔 번갈아 하루에도 몇 번
달포 지나 며칠 걸러 보이더니 몇 달포지난 지금은
보호자 얼굴보기 하늘의 별 따기 감감무소식이라네.
자주 들리란 원장님 생뚱맞던 말씀이 자꾸 귀에 윙윙 이는
첨단의술의 덤으로 생긴 쉼표 같은 남아있는 생명줄이
통천 문 앞 계류지서 번호표 목에 걸고 막다른 물꼬를 향해
째깍거리는 시침아래 2012/07/11 요양병원 305호실

밥 좀 주세요

결단코
치매는 아니라 우기시던 어머니
알츠하이머로 <제일나라요양병원>에서
기저귀찬 모친 정 정자님
급성 담낭염으로 동아대병원 응급실 긴급통로로
입원한 8인 병실 새벽 1시 고요를 뚫고
호명하지 않은 허공으로 대답하는
"밥 좀 주세요."
주린 배곯음으로 버틴 고단한 삶
알츠하이머 증세에 체면을 뚫고나온 허기
밥 좀 주세요.
그 허기 채울 죽 한 그릇
눈물로 말아 드려도 시도 때도 없이
"물 좀 주세요."
배 앓아 낳지 않은 양아들에
이 눈치 저 눈치 염치 빠삭 마른 생
타는 목젖으로 살아온 갈증의 끄트머리
파킨슨 증세에 달달거리는 손목으론 엄두도 못 내는
생수병 빨대보다 가늘게 떨며 붙든 명줄

배앓이 없이 낳은 아들의 마른 눈물로는
갈증을 달랠 일 턱도 없는
그 무의식을 뚫고 턱에 걸리는 비명 가쁘게
물 좀 주세요. 밥 좀 주세요.

곁

새해 첫날에 후딱 떠나신
어머니 떠나시기 전에는
나의 외로운 곁 정작 몰랐습니다.

귀에 쟁쟁한 아직
"원장님, 우리 아들입니다"
평생의 원이었고 한이 지셨던 피붙이
살얼음 같은 친자식 아닌 들인 양아들
당당하게 <우리 아들입니다>
당신이 낳아서 아들이 아닌 당당하게 우리아들
내 아들은 한 번도 없었습니다.
제 외로운 얕은 곁 당신은 참 깊은 곁 이셨습니다.
말씀 속 속가슴 깊게 숨기신 뜻
떠나 보내드린 이 밤에서 알았습니다.
문득 깨닫고 밤새 울었지만
나의 곁 이미 외롭게 비어 있었습니다.

3년만 더 견뎌 가시라는 아들의 곁
그 외로운 곁을 지켜주시려 6년을 더 버티신

그 뜻 미처 헤아리지 못해 미안합니다.
어머니 죄송합니다.
당신은 참 깊은 제 곁 이셨습니다.

웃으며 가시데

세상에 오는 것 버거운지 누구 없이 울어서 오는 젖배
를 곯는 옹알거림 그 허기로 엎치고 뒤집더니 기어이
일어서 걷고 달려온 생의 한 갑자 넘어 엎어지고 자빠
질 겨를 없이 뒤뚱여 개울물 건너 넓은 강 벙벙하던
기어이 바다 다다른 평온한 때 쉬어갈 틈 없이 서둘러
바쁜 칠흑 같이 아수라진 이생 울음 진 세상 와서 꽃을
벌어 새끼를 치고 그 흔적 고스란한 웃음 진 새끼 손자
재롱 앞에 두고 이빨 흘린 합죽한 미소물고 누워서 옹
알이다 기저귀 차고 발가벗기어도 부끄러울 것 한 점
없이 올 때 그랬듯 외할머니 그렇게 되돌아 가셨듯 어
머니 걸어오신 그 길 따라 꽃신신고
꽃 같은 새끼들 울음소리 뒤로 두고 만면에 함빡 미소
은은 머금고 입 꼬리 올려 웃어 가시데,
곱게요

눈물은 사월

사월 내리는 봄비 속
알 수 없는 어머님 피어나는 그리움에
흔들리는 봄바람 영그는 꽃의 화안한 웃음에서
어머님의 미소를 봅니다.
봄비에 꽃비처럼 떠나가실 땐 꽃처럼 피어 오실 줄
이제는 볼 수 없음에 어머님이 사뭇 그립습니다.
눈물지는 그리움 두 손에 꼭 쥐어도
손가락 사이마다 흘러 떠나시는 애절한 나의
어머님
흩날리는 바람에 묻은 포근한 꽃의 미소
비에 젖어 은은한 꽃잎마저
입가에 머금으신 어머님의 미소를 닮아 더욱 사무칩니다.
가시듯 오실 줄 모르시는 눈물 듣는 사월
꽃 지는 따라 그렁그렁 눈물 왈칵한
어머님
사월은 눈물입니다

해설

삶에 있어서의 구도求道적 자아성찰
- 배순석의 시읽기

김 보 한(『시계詩界』 발행인, 시인)

　가깝게 오래 사귄 사람을 친구라고들 한다. 가까이하여 친한 사람을 친우라고들 한다. 배순석시인은 나의 친구이자 친우이다. 그만큼 오랜 간 사귐과 우정이 찡하게 묻어져 있다.
　그는 내가 어렵사리 양어장 사업을 추진하고 있을 당시, 내 친구인 지금은 《통영 맛집》을 운영하는 장건 사장과 함께, 나의 수상가옥으로 방문함으로써 첫 끈은 이어진다.
　친구 장건 사장은 나의 고향 통영에서 중·고등학교를 함께 다녀, 학연과 지연이 뚜렷이 얽혀 있다. 당시 그는 생의 여유로움을 얻고자 할 때, 가뭄에 비 내리듯 내 사업장을 들르기도 했다. 우리 셋은 지금까지 다정다감한 정을 서로 나누고 산다.
　배순석시인은 이런 학연·지연과는 전무한 상태이다. 근자에 그가 그의 형에 이끌려 통영으로 정착했다는 사실을 알게 되었다.
　장 사장은 쓸잘데 없는 말을 가리는 이다. 그들이 나의 명줄과 같이 여겼던 양어장에 도착하면, 저녁이 이내 닥치는 때가 많았다. 나는 그 시각쯤 방안과 바깥 그리고 화장실 주변에 불을 환하게 밝힌다. 시간이 지나면 현란한 불빛 아래 망상어가 뛴다. 볼락도 함께 춤춘다. 고등어도 예사로 어른거린다. 숭어는 떼를 지어 유영한다. 처음 대하는 이들은 환호성이다. 종종 바다수달들이 눈에 불을 켜고 침범할 경우나, 낚시꾼들의 불청객을 감사하기 위해서, 또는 지나가는 선박으로부터 보호하기 위해서, 불 밝히는 행위는 꼭 필요하다. 우리는 육지에서 바다 밑으로 두꺼운 전선 케이블을 깔아, 양어장 주거지까지 전기를 끌어들여, 삶의 편리함을 제공받았다. 텔레비전은 물론 냉장고 할 것 없이 가전제품이 즐비했다.

장 사장은 깨끗한 화장실 주변 낚시터에서, 겨울 볼락 낚시를 잘도 했다.

하지만 배순석시인은 낚시에는 도통 관심이 없는 이다. 그의 구수한 입담은 당시 세상 돌아가는 정세에 관심이 많아 보였다.

그는 술잔이 몇 순배 지나면, 더 정담 있는 이야기보따리를 풀어내는데, 그의 고향 반성에 관한 것들과, 그의 유년시절추억들이 태반이었다. 하지만 나에게는 큰 관심꺼리가 되지 못했음은, 나의 몰입한 사업 때문이었는지 모를 일이다.

그 당시 그의 통영 무전동 시절을 되돌려 보면, 내가 힘에 부칠 때가 많았던 것으로 기억이 난다. 나는 주변적 어려움을 떨어내고자, 그가 거처하고 있었던 골방을 자주 들렀던 것이다. 그는 끊임없이 그 당시 처한 시국에 관해 비판 일변도로 일관 했다.

그 이후 그는 통영을 떠나 부산 서면에 정착한다. 그는 그곳에서 간판 디자인 업을 차렸다. 나는 부산을 들를 때마다 거의 그의 사업 처를 찾아, 그의 열정적인 입담보다 술잔에 열을 올렸다. 그는 남에 대한 배려가 깊은 성격의 소유자이다.

이렇게 인연을 쌓아 가던 중 어느 날, 그가 장난삼아 쓴 시라고 몇 편의 시를 건네는 것이었다. 아니나 다를까 구성력이 떨어졌음은 당연하다고 여겼다. 하지만 날이 갈수록 그 열기는 점차 높아만 갔고, 시「그녀의 의자」를 쓸 정도까지 진도가 무르익게 된 것이다.

이 이후로는 나의 괴로움이 더 가중 되는데, 다름이 아니라 내가 간간이 발간하던 지역시 연구지『시계詩界』지誌에 시를 실려 달라는 것이다.『시계詩界』통권 14호가 나오게 된 배경에는, 그의 이러한 무언의 압력이 크게 작용했다.

이것으로 나는 그와의 문학 관련 인연은 끝낼 수 있으리라 순진하게 여겼다. 하지만 그는 사정이 달랐다. 그때부터 연일 숱한 작품들이 나의 E-mail을 방문하는데, 또 나는 무관심 속에 어느 날 제풀에 나가떨어지기를 바라며, 예사로이 생각하기가 일쑤였다.

세월은 흘렀고 오늘에서야, 그는 쏠쏠하게 재미가 있는 시집 한 권을 엮는 과정까지, 제 발로 걸어오게 된 것이다. 그는 참으로 못난 나를 만나 무척 고생도 도맡아 했다. 나는 그간의 정분에 이끌려, 이렇게 산문 형식의 시읽기를 쓰게 된다. 나의 게으름을 탓하며 마지못해 홍역을 치르듯, 한편으로는 의무감을 앞세워 서평을 남긴다. 나는 지금 그의 시가 허공 속의 뜬구름 식이 아니라는 점을 밝힌다. 그의 시는 독자에게 따뜻하게 다가가 읽힐 만한 내용, 즉 시 안에 흥미로운 스토리가 스며져 있음을 전한다.

먼저 배순석의 고향집을 들어서는 고향길은 구체적이고 전원적이다.

"뒷산에 풀국새 목쉬어 울면/탱주나무 골목 따라 비새 우르르 날고/아이들 손끝마다 꺾어서 참꽃 쥐고/한들을 흔드는 웃음 자운영 까르르 화들짝하고/파르스름한 뚝 방천 길 따라 이슥토록 봄철 내내/소풍 나온 햇살 아장아장 아장이었네./짤그랑짤그랑 세발자전거 요령소리 맞추어/시꺼먼 기차불통 고함 내지르던 기적소리에/화들짝 허기진 도깨비불 놀라 달아나는/공허한 여운만 드러눕던 기찻길 빤한/포옹 퐁 밥 짓는 연기 하늘로 솟는 아득히/재 넘어 산을 넘어 어느 날 구름이 되던 동네/아이들 졸랑 따라서 꿈으로 내달리던/개암동리 고향 길"이라 하지 않는가. 참으로 아름다운 그의 고향길을 잘도 표현한 것을 볼 수 있다.
—「고향길」전문

고향 반성

청 보리 이랑마다 푸른/종달새 서걱대며 알을 품는 곳/새벽밥 짓는 연기 마을끼리 손을 붙잡고/기슭엔 까투리 장끼 사랑을 잃는 소리 꽁꽁한/소리 찾아 아이들 내달리던 눈부신 그 들밭/개 냉이 쑥 군대는 봄빛 거나한 쪽들 그윽이/옛 소리 달큰한 자래실 가운데 탕근배미/두둔배미 끼고 송구배미 개머리모티며 동도개미모티/공굴 다리아래 노내실 비뚤비뚤 흘러 떡보아래 느린보/느릿이 큰물지면 용싯들 벙벙하던/철길 따라 버겁게 퍼진 기적소리 뽀얗게 하늘로/하늘로 올라 구름이 되던 동네/둥구나무 그늘도 성긴 3, 8일 장날마다/탈탈대던 빨간 완행버스 뽀얀 먼지를 퐁퐁 거리던/비포장 한길 너머 뚝 방천아래 입술 새파랗던 물장구/하늘이 빠끔한 여울목엔 송사리 버들치 소풍 한창이던/뒤뚱뒤뚱 걸린 뭉게구름 징검다리 비켜 떠가는/할아비 기침소리 흠흠 이시면 뚜우-벅 아침이 뜨고/달뜨자 잦아드는 부엉이 소리/장단 맞추어 사립문 걸리던 개 짖는 소리 멀어지던/말끝마다 경어가 입에 붙어 정도 별스런/내 고향 진주 하고도 <반성이라 예>/꼬까신 같은

배순석의 고향 반성 유년시절은 "할아비 기침소리 흠흠 이시"던 때이다. "말끝마다 경어가 입에 붙어 정도 별스런" 시기이다. 스스럼없이 그의 고향을 "내 고향 진주 하고도 <반성이라 예>"하던 곳이다. 지금도 변함이 없는 것은 마찬가지이다.

그곳은 '꼬까신'의 추억과 더불어 '기적소리'가 은은했다. 동네어귀까지 '빨간 완행버스'가 닿는 곳으로, '청 보리' '자래실' '탕근배미/두둔배미 끼고 송구배미 개머리모티며 동도개미모티/공굴 다리아래 노내실' '용싯들' '둥구나무' '비포장 한길 너머 뚝 방천' '징검다리' 등이 소재가

되는 곳이며, 하늘을 나는 '종달새' '까투리' '장끼' '부엉이' '개'가 생명성을 날리는 일이 허다한 곳이다. "한길 너머 뚝 방천아래" 여울물엔 '송사리' '버들치'가 흔한 곳으로, 도심에서 사는 그를 아직도 동경지게 하는 곳이다. 위 시에서는 그리운 그의 유년시절, 고향 풍경그림을 아련하게 담아놓고 있다.

고향집

아버지 터 잡으신/경상남도 진주시 일반성면 개암리 442번지/내 태어난 안태 /비빌 언덕을 찾아 고향집을 비웠던 반세기/옛집은 어느새 오른쪽 대문 기둥에 "원불사" 란/이름을 걸어놓고 절집 되어 토라 앉았네./내 머릴 깎지 않아선지/내 태어난 안방에 미륵불을 앉혀놓고/그간 나의 오지랖을 기다린 옆집 탱주나무 울타린/블록 담벼락으로 단단히 성질을 부렸고/가시나무 울타리 속 비비대던 비새 날아간 어디론가/애벌레 호랑나비 되는 꿈을/머리 맞대고 눈 맞추던 옆집 부연이 감감한/까까머리 아이들 와자한 고함마저 귀 먹은/반질하던 골목어귀/사금파리 아래 꽃눈을 묻어 기다렸던 문패 바뀐 고향집/방문 위 걸렸던 할아버지 할머니 알고 계셨던지/사진 액자 속 웃음 반반하셨던/고향집 옛 기억 어디쯤

그의 고향집은 "경상남도 진주시 일반성면 개암리 442

번지"임을 알 수 있다. "강 넓은 곳 두고 하필 실개천에서/ 도랑 치고 가재 잡던 그 호랑이 담배필적/묵은 옛 속담 반감 없이 떠받들던 그런 때(「미꾸라지」)"에 태어났다. "칠월칠석날은 약물이라/쇠먹이는 아이들 쇠미꼬지 잔칫날/참외구신 불러놓고 찐빵 망태 할배 꼬누고/야시꼬리둔갑을 하던 구미호에 귀 쫑긋은/통시각시 밤마다 벅수 넘어 오싹한/등줄 서늘한 애기 보따리 풀어놓아/뒷간 지켜 섰어야 밤마다 마음 놓였던/까치는 오작교를 건넜을까 올해도 통 보이지 않던/그놈을 기다리던 칠월칠석 쇠미꼬짓 날(「쇠미꼬지」)"을 불러 알린다. 쇠미꼬지의 의미는 <7월 백중시절 아침 일찍 소를 먹이러 나갔다가 해가 진 후 늦게 귀가하면 소꼬리에 귀신이 붙는다고 이날은 반드시 일찍 돌아와야 한다>는 구설이 전한다.

  그곳은 "팽팽하게 날아 솟구치는 가오리 한 마리/바동바동 버둥대는 하늘가에 자유 한껏 누리는/사금파리 으깨 찹쌀 풀로 공들여 백사 입힌 연줄/탱탱한 저항에 옭매인 숨줄(「가오리 연」)"이 팔랑대던 곳이다. 또한 그곳은 '빼뿌쟁이' 풀이 즐비한 곳이기도 하다.

  그가 남의 집이 된 그곳을 근 반세기만에 찾았을 때, 그의 "옛집은 어느새 오른쪽 대문기둥에 '원불사' 란" 간판이 걸려 있었다. 세상사가 내 것 네 것을 구분 짓기 어려울 정도로 수시로 변하듯, 그의 고향집도 예외는 아니었다. 그의 안태본 안방을 차지한 '미륵불'의 의미는, 아주 미묘한 감정으로 와 닿는다. 그가 한 때는 불가에 귀의하고자, 염원했던 탓도 한 몫을 한 것일까.

그의 고향집은 "옆집 탱주나무 울타"리가 여태껏 있고, "굽은 할미의 꾸부정한 등짝처럼/낮게 쪼그린 슬레이트 얹은 지붕이 즐비 했어/닥지닥지 붙어살던 정다운 이웃들/손금같이 쩍쩍 갈라져 꾸불꾸불 얽힌 골목(「골목」)"이 있는 곳이며, 그 속에 "비비대던 비새"가 선명하고, "애벌레 호랑나비 되"어 팔랑 '꿈'을 펴던 곳이다. "똥내 향기 있어 똥파리 알을 까고/똥물 먹고 자란 꽃대(「개똥밭에 꽃」)"가 즐비하던 곳이며, "누런 개떡종이 흑탄 심 나왕연필에/국산품 애용 표어 아래 재생지공책에 침 묻혀 썼지/새마을운동 방천수리 삼태기에 자갈을 날라/한미원조 악수표 밀가루 교환표로 허기를 때우던/경제개발 5개년 무시로 흙 수저 물고 태어(「내 몫도 있소이다」)"난 고향이다. 그곳은 '옆집 부연'이의 눈 맞춤이 여태껏 사라지지 않고, 왁자한 아이들의 고함소리도 귓전에 남아 있는 곳이다. 하지만 지금은 "방문위 걸렸던" 조부모님의 '사진 액자 속' 근엄한 웃음만 "고향집 옛 기억 어디쯤" "유월, 매큼하게/지천인 밤꽃 내음(「밤꽃 내음」)" 과 함께, 은은히 상상 속 남아 맴돌 뿐이다.

다음은 배순석 시인의 유년 고향살이에 대한 것으로, "칠남매 옹기종기" "쌀 한 줌 넣어 불린 시래기 죽 한 그릇(「아버지의 허기」)"에 "달랑 밥상 위 간장종지가 전부였"지만 두레밥상 앞에는 "일곱 스푼 우애를 반찬삼아 배를 채웠던", "달디 달던 더운 밥 한 끼 제때 채우지 못했(「아버지의 허기」)"던 곳이다. 그래도 "지지배배 아웅 거리며" 살았던 추억의 장소이다. ―「제비둥지」에서 파장이 된, 막판 떨이로 붐비던 반성장날은, 그네의 집안 만찬이 이루어지던 날로서 흥겹게 다가온다. 풍성하지는 않았겠지만 다른 날 보다 아주 특별한 날로서, 오늘날에도 그 배경의 기억으로부터 푸짐한 배불림의 현상, 그리고 가족에 대한 애틋한 사랑이 물씬 풍겨 나온다. 그중에서도 아버지가 장에서 사온, 새끼줄에 넉넉하게 단단히 묶였던 그날 간 갈치 요리는, 두고두고 그 맛을 잊을 수 있었겠는가.

구체적으로 "닷새마다 서던 오일장날/파장에 떨이로 불콰한 아버지의 손에 이끌려/지푸라기에 묶여 건들 거렸던 갈치 서너 마리/늘어가는 볕살을 거두어 칼칼하게 녹아든 밥상 위" "애호박갈치찌개"가 의미롭게 다가온다는 것이다. ―「갈치찌개」에서

이쯤에서 그의 아버지에 대한 기억은, "말없이 농사지으시던/새끼 앞에 배곯은 소리 한 번 없으셨"던, "스스로 거둔 쌀 톨로 새끼들 추스"리신 위대한 분이시다. ―「아버지의 허기」에서

그리고 그의 아버지 발바닥은 "하도 두터워서/얼음판도 끄떡없다하시던,/새끼들에겐 한 번도 발가락 내민 양말"을 허락하지 않으신, 아직껏 추억의 마루에서 맴돌고 있다 ―「아버지의 양말」에서

이보다 더, 그의 어머니의 기억은 "돌아올 수 없는 먼 다른 은하의 별이 되셨는지/떠난 아버지의 항성"에도 아랑곳 않고, "정갈한 밥상 앞, 새끼행성들의 궤적과 항차를 꼼꼼히/챙기시는 어머니 궤도"가 더없이 위대하다. "군인 간 아들들은 삼년의 시차로" 되돌아오고, "시집간 딸들은/기약

도 없는 새로운 항성을 꿈꾸어 꼬리별을 이끌어/그녀들의 새로운 궤도를 개척하"다가, 어머니의 행성으로 간간히 귀향하는 떠들썩함을 보탠다. ―「어머니의 궤도」에서

그의 어머니의 자식사랑은 "어진 우리재앙님 동서남북 어딜 가도/묵고 자고, 묵고 자고"/"사방천지 대죽마다 무탈하고 칭송받고/사랑받는 어진 우리재앙님 ~"이라 하지 않는가. 덧붙여 "사발을 떠놓고 손금이 닳도록 빌어 올리시던/어머니의 자작 경 장독대 독경"이라 강조하고 있다. 은은한 독경소리의 참사랑을 사무치게 묘사하고 있는 것을 볼 수 있다. ―「어머니와 장독대」에서

그리고 어머니의 "그늘은 늘 우리의 세세한 삶의 언덕이었음을/알았습니다.(「그늘」)"는 깨달음을, 세상살이의 고통 속에서 뉘우치게 된다. 인간사가 다 그렇듯이 부모님은 이승을 다 떠나시고, "콩깍지 엎어놓은 저 소담한 무덤 한 쌍(「소담한 무덤 한 쌍」)"이 되어 있는 것이다.

그의 또 다른 사연, 즉 선대에 대한 지극한 사랑은 시적 내면성을 돋보이게 한다.

"할아비 수염잡고/깨금발 걸음 재롱떨며/머리 빡빡 깎았던 손자/할아비 되어 손자 데리고/할아비 머리 깎아 드리려/구절초 깔깔대는 묵어 가뭇한 산길/이름 모를 나비 날고/소쩍새 울음 지나치는/머리 쭈뼛쭈뼛 서고 땡벌이 기승을 부리는/을씨년스러운 수풀더미 고즈넉이/오래 빗지 않아 산발한/할아비 할미 기척 없고/맨발로 반기던 이 빠진 할미/손자 자랑 어수선한 날"은, 벌초에 여념이 없던 의미 있는 하루이다. 하지만 "할아비 목구멍에/술 한 모금 넘길

사이 없이/길이 막힌다고 소란을 떠는/빤한 핑계대고 부리
나케 돌아서는/손자 뒤통수 대고/바쁜데 자조 안와도 괘
안타/내년에 꼭 오란 말뜻이라, 귀 눈은 꽤 밝아/빙긋 이던/
방문 위 걸렸던 할배 가뭇한" 기억을 떠올리며, 망자와의
대화에 마음 귀를 밝힌다. ―「벌초」에서

　　　반성 장날

　　고향 반성엔/3일과 8일에 오일장 서는/빨간 완행버
　　스가 사봉으로 지수/개암다리건너 한골 빤한 가슾
　　지나/돈데미 발터 재 넘어 뽀얀 먼지를 풀풀거리며
　　/남산 가지로 분분하던 그해도 막바지에 든/연신
　　설레던 반성장날/손때 먹고/자란 참깨며 콩/고르고
　　고른 마른고추 서너 근/때로는 보리쌀 됫박에 새끼
　　줄엔 장닭 투덜대고/뒷다릴 탈탈 털며 팽팽하게 버
　　티던 숫염소/고삐 줄에 뿔을 세운 어미염소 목 놓
　　아 새끼를 부르는/돈을 사는 게 아니라/정을 사고
　　팔고 정을 주고받는/그간의 인사치레 시끌벅적 안
　　부가 파장까지 걸리던 장터/두 손 잡은 사돈네 시
　　집보낸 딸네소식에 눈시울 불콰한/들었다 놓았다
　　뜸을 들이던 촌부의 손에 끌려가던/진동 개펄을 첨
　　벙이고 온 날큰한 갈망조개/날물에 죽방렴을 빠져
　　나와 새벽 첫차를 타고 내달려온/남해 생멸치 끼고
　　문어 퍼질고 앉은 비탈진 어물전/반성장이 서던 날

　　위 시는 그의 고향 반성의 장날 풍경이 구체적으로 두드
러져 있다.

장소선정의 시로서 그 현상이 아주 구체적이다. 그곳으로 가는 지명으로부터 시작해서 그날의 생생한 배경들이 드러나 있다. 장날의 매물들이 이렇게 그의 심중에서 맴돌고 있는 것이다. 참 용케도 그의 몸속에서 육화되어 울림을 준다.

"고향 반성엔/3일과 8일에 오일장 서는" 날이라 한다. 빨간 완행버스를 타고 "사봉으로 지수/개암다리건너 한골 빤한 가숲지나/돈데미 발터 재 넘어 뽀얀 먼지를 풀풀거리며/남산 네거리로 분분"해 했던 날이다. 반성 장날에 가 보는 날은, 우쭐우쭐 신명 푸는 날이었다. 아직도 들뜬 그 흥분은 좀처럼 가시지 않는다.

그곳에는 '참깨' '콩' '마른고추' '보리쌀' '장닭' '숫염소' '어미염소'가 있는 곳으로, "돈을 사는 게 아니라/정을 사고팔고 정을 주고받는/그간의 인사치레 시끌벅적 안부가 파장까지 걸리던 장터/두 손 잡은 사돈네 시집보낸 딸네소식에 눈시울 불콰한/들었다 놓았다 뜸을 들이던 촌부의 손에 끌려가던/진동 개펄을 첨벙이고 온 날큰한 갈망조개/날물에 죽방렴을 삐져나와 새벽 첫차를 타고 내달려온/남해 생멸치 끼고 문어 퍼질고 앉은 비탈진 어물전"이 판을 치는 곳이라고 한다.

그의 시적 고향 소재는 이맘때쯤 막을 내린다. 그리고 시 「반성장날」에서 보여주던 시적 눈높이는, 연이어 그가 현재 살고 있는 부산의 부전시장으로 옮겨가게 된다. 이는 시를 쓰는 대상의 한 연속으로서, 끊이지 않은 시상의 연

장선상으로 보인다.

부전시장

공짜와 떨이로 판을 치고 앉는 부전시장
"떨이요 떨이, 자아~ 한 소쿠리 3천원", "그저요 그
저" 전대달린 앞치마를 두르고 목청을 돋우는 천
원에 2묶음 상끗한 밀양깻잎이며 성주 참외며 자
리 바꿔 앉은 청도 반시 전봇대 아래 삼천포 아주
머니 어물전자리 차지한 조피볼락 옆 포항가자미
모로 눈을 흘기고 남쪽바다에서 새벽 첫차를 타고
부전역에 방금내린 생 아귀 깊은 동해바다를 머금
고 대 왕 문어가 곤한 다리를 쭉 뻗는 시장야전은
생짜배기도 으스대며 농익은 이력 거들먹이며 소
쿠리마다 느타리 표고버섯 소복이 질컥이고 곧추
세운 땡초고추며 오이고추 아삭거리는 비탈진 감
자 너저분한 곁을 명지 대파 바짝 다잡아 앉은 송
정쪽파 틈 없이 퍼질고 앉은 궁둥이 비비대면 엉덩
이들 틈이 되는 싸움자리
기장 생멸치 떨이로 풀이 죽은 건어물집 마른 황태
두름 걷어 들이는 어스름 때 중국산에 의기양양한
대흥방앗간 빻다만 양양 태양초 여남은 근 매운 내
맵싸한 시장파시 객기로 한창 치뜬 눈을 파장소주
몇 잔에 눈 내리깔고 찔꺽거리는 선술집 간이의자
에 불콰하게 기댄 고단한 하루 떨이로 비운 빨간
고무다라 해질녘 꾸부정하게 드러눕는 입동 언저
리 부전시장

위의 시는 그가 자주 눈여겨 본 주변, 즉 부전시장으로 읽힘이 흥미롭다. "전대달린 앞치마"를 두른 삶의 목소리가, 스스럼없이 와 와자하게 남는다. 이 시의 소재는 갖가지 농산물과 수산물로 뒤엉켜져 있다. 국산 것이 있는가하면 중국의 것도 한 몫 한다. 극히 현실적이다.

결국 "객기로 한창 치뜬 눈을 파장소주 몇 잔에 눈 내리깔고 찔꺽거리는 선술집 간이의자에 불콰하게 기댄 고단한 하루 떨이로 비운 빨간 고무다라"가 즐비하게 늘어진 곳이 부전시장이다.

이 외에도 부전시장에서는 '용대리'에서나 볼 수 있는, "희붐한 전등 빛을 머금은 바싹 마른 명태두름"(「황태」)도 접할 수 있다. 이곳은 "군 입대 송별로 손 흔들던 아릿함이 차창 너머 흔들리던 떠나보내는 아쉬움과 돌아올 그리움이 손을 맞잡아 흔들던 서로의 안녕에 반반했던 이별을 왈칵 쏟았던" 부전 시발역이 있던 곳이다.

또 다른 의미는 "막차로 지는 어둠 속 다리 길게 뻗힌 동해남부선 종착지" 임을 전한다. 그리고 '부전역'이 잠든 그 포근함을 그는 껴안고 사랑한다. ―「부전역 잠이 들다」에서

다음의 시는 그가 늘 생활하는 공간에서 소재를 얻었다. 구체적으로 그가 운영하고 있는 ≪디자인하우스≫를 두고, 100m 내외 삶의 공간들에 대한 소개이다.

"목 좋은 대로변 비켜 들앉아 이슥한/탁자 둘 붙어 다닥다닥 엉덩이 겨우 비집어 앉는/골목집식당"이 나온다. 이

곳은 그 날의 "탱탱해진 힘줄 풀고 다리 걸쭉하게 뻗는/꾿꾿하게 벼른 오늘을 거두어 밤이 늦도록 소소히 익는" 곳이다. —「골목집 풍경」에서

그 곳에는 "우정도 자본"(「자본도 우정이다」)이 있어야 가능한 곳이다.

또한 "내일을 살아 버티기 위해선/이빨을 더욱 갈 구어 먹는 자 만이 살아남는 약육강식/먹느냐 먹히느냐 죽은 자에겐 내일은 없다"는 단호함도 보이고 있다. —「생존경쟁」에서

그곳에는 "요염한 교태/살포시 앙증스레 간지럽기까지 하다"(「야시분꽃」)는 곳이다.

그녀의 의자

그녀의 손맛에 자주 들리는/실비주점 목마 푸짐한/매번 말짱하던 등받이 의자가/노란 포장 테이프로 깁스를 했다/고단한 일상,/늘 취기로 기대던 술꾼들의 등살에/혹사당한 그녀의 의자/접질린 마디마다 관절염을 앓고 있고/오래 버틴 그녀의 휘어진 다리는/골다공증에 삐걱 거린다./골골거리던 의자 하나가 술주정으로/앰뷸런스에 실려나간 그 자리/어디서 구르다 온 중고의자/낯설지 않은 펑퍼짐한 엉덩일 까고/중고의자 끼리 툭툭 안면을 트고 있고/새삼스럽게 신고식 같은 건 없이도/네 종아리가 빡작지근하도록 엉덩일 비벼대도/명퇴를 당한 남정네들 편히 앉을 곳 없던/곤죽은 중년의 저 중고

엉덩이들을/말없이 받아주는 먹성 좋은 그녀의 중
고의자/중고끼리라 그녀도 다 이해한다.

　위 시 「그녀의 의자」는, 하루 일과를 마치고 만나는 휴
식 공간, 즉 실비주점 속에 있다.
　여러 시편들 중에서 상당히 주목 받아지는 이유는, 시적
표현법에 있어서 특이하게 의인법을 유효적절하게 사용하
고 있다는 점이다.
　그의 발표 초기시로서 본 시집이 만들어지는데, 적지 않
은 잣대가 된 시이다.
　의자가 "노란 포장 테이프로 깁스"를 하고, "관절염을
앓고 있고" "휘어진 다리는/골다공증에 삐걱"거리는 물체
이다. "앰뷸런스에 실려"같다와 또 다시 사랑받아지는 점
에서도 의미를 더한다. 이렇게 "말없이 받아주는 먹성 좋
은 그녀의 중고의자"가 있는 곳, 부러진 의자도 수리되어
대접 받는 공간 안의 등받이가 된 의자는, 다정다감하게
다가와 노래되고 있다.
　그곳은 "그녀의 손맛에 자주 들리는/실비주점 목마"의
현장이고, 포근하고 정감이 있는 곳이며, 밤이 되면 유혹
에 이끌리는 곳이다. 말하자면 중고끼리라 그녀도 다 이해
한다"는 곳이다. 이 외에도 「의자」의 시에 와서도 비슷한
풍을 들을 수 있다.
　이 외에도 통영중앙시장을 대상으로 한 시편들도 동일
시되어진다.

생활의 시로서 다른 이미지인 「관상」은 찡한 감정으로 다가온다.

관상

먼저 보낸 친구의/영정사진 속 웃고 있는 모습은/어머니의 태궁을 나서며 울어 찡그린/첫 팔자주름부터 그의 몫이고/굴곡 깊어 굽어 살아온 흔적 고스란한/아버지를 훔치고 어머니를 닮아간 눈언저리/시방은 웃고 있다/헐벗어 왜소한 이웃에 지킴이고 싶었던 기개를 앞세워/수번의 사법시험 낙방 후 외항선을 탄/어부보다 바다를 더 닮아와/시대의 반골로 굳은 철창도 마다않던/콧대 세운 두 콧구멍 벌렁댄 다혈질/육중한 아래턱으로 변절된 시대를 갈구든 패기/때로는 궁핍한 식구를 다스리다 입은 비뚤어도/불의에 바른 말 쏟아내던, 타고난 관상이란 원래 없었고/죽어서 웃는 그의 야무진 일생이 그의 상이고/영정사진 속 그의 흔적 고스란히/웃고 있는 친구의 아니꼬운 눈꼬리 피식/그가 비틀다만 삶 그럭저럭 살만 하냐는/구차한 나의 상을 한참 간죽대 웃는/친구의 관상은 꿈꾸던 생의 흔적이 고스란히 각인된/더듬어 살아온 살아있는 지문이었어.

세상사를 살다보면 뜻밖의 부고를 접할 때가 있다. 그 중에서도 친족의 경우를 제외하고 친한 친구의 부고는 참 아프다. 이 아픔의 마음을 시로서 표현한 것도 친근하게 근접되는 것은, 그가 그만치 다정다감한 정을 소유한 사람이라는 확신이 선다.

부고의 대상인 '팔자주름'과 "아버지를 훔치고 어머니를 닮아간 눈언저리"는, 죽은 친구의 태생적 몰골을 말하고 있다. '기개' 튼튼했던 기상도 간직한 운세도 떨쳐버리고, "수번의 사법시험 낙방 후 외항선을" 타야만 했던, 기구한 삶이 반영되어 있다. 시적 화자는 숱한 고생살이로, "콧대 세운 두 콧구멍 벌렁댄 다혈질/육중한 아래턱으로 변절된 시대를 갈구든 패기"로, 세상을 살은 그의 친구이다.

드러내 보이지는 않았지만, 시인의 삶 일부일지도 모른다는 생각이 든다. 세상은 살아가면서 만만하지 않고, 호락호락하지 않은 것이 현실로 다가올 때가 많다.

하지만 "죽어서 웃는 그의 야무진 일생이 그의 상"이라 하지 않는가. 이게 인간의 운명이고 앞날이다. 결과는 가악 중에 "영정사진 속 그의 흔적"을 더듬으며, 충격의 소용돌이에 빠져 허우적대는 것을 볼 수 있다.

그의 친구의 '눈꼬리 피식' 웃는 모습에 의해, '깐죽대 웃는' 웃음이 '꿈꾸던 생의 흔적'으로 각인된다고 한다. 그가 현실에서 만나는 아픔을, 적절하고 구체적인 표현으로, 보여주고 있는 시이다.

출세를 꿈꾸었으나 뜻대로 되지 않은 친구, 다시 말하면 운세 되게 사나운 친구의 아픔을, 대변해 주는 시로서 주목된다.

「하루살이」 1, 2, 3에서는 이 시대를 살아가는 사람얘기를 들려준다.

'노숙자', '일당바리 일꾼', '청소부', '등굽은 노파', '미화원 아저씨' 등을 등장시켜, 이야기의 보자기를 풀어 헤치고 있다. 「하루살이-파지」와 같은 시편은, 그의 심성 깊은 사랑이 묻어 있는 시로 여겨진다.

똥개새끼

여차하면 국민을 우려/제 잘난 그 맛에 민주사회가 성취된 줄/목에 빳빳이 힘을 주는/우두머리 착각하는 입이 싼 정치판의 꾼들/대갈통이 터지고 목이 터져라 못 살겠다고/소리소리 지를 땐 쥐구멍에 대가리 처박고 숨어/절박할 때는 낮게 엎어진 여린 백성 못 본 듯이/몸을 사려 꼬랑지 내리고 국외로 튄 놈들/이젠 민주사회 제 것이란다, 민주투사 들 먹거리는/저들도 복날에 개 맞듯 맞아봐야 개새낀 줄 알아차릴/자유민주주의 낱말아래 국민을 졸로 우려먹는/개만도 못한 똥물에 튀길 정치의 주둥아리 짓들/이름 없는 민초들이 들고 일어나 피 터져가며/되찾은 주권을 제 것인 냥 물고 흔드는 정치면 사설들/짖어도 바로 짖어야 박자가 맞는 도리/개가 들어도 웃을 정치판의 꾼들,/똥개도 제 새끼 똥구멍은 깨끗이 핥을 줄 안다

시인의 시는 정감 넘치는 서정정신이 주류를 이룬다. 반면에 현실을 비판하는 시편에 와서는, 그의 울분이 독설에 가까울 정도로 직설적 서정성이라는 점은, 또 다른 시적 세계에 속한다고 할 수 있다. 선택된 시로서는 「똥개새끼」

가 있다.
 "입이 싼 정치판의 꾼들"을 향한 일갈이 돋보인다. 그들은 절박할 때에는 "몸을 사려 꼬랑지 내리고 국외로 튄 놈들"이다. '민주사회'가 제 것인 양 그가 '민주지사'로 자칭하지만, "저들도 복날에 개 맞듯 맞아봐야 개새낀 줄 알아차릴" 것이라는 점을 설파한다. "개만도 못한 똥물에 튀길 정치의 주둥아리 짓들"이, 그가 대척점으로 생각하는 대상이다.
 그래서 "이름 없는 민초들이 들고 일어나 피 터져가며" 주권을 되찾자는 것이다. 또 다른 시「동토의 밤」이 읽히는 이유도 더불어 보탠다.

 마지막으로 등장하는 시편으로는 「만산홍엽」이 있다. "윗도리 내리 아랫도리로/만산홍엽 온통 불바다" 얘기이다. "제 몸 제대로 활활 태우는 다비식 뜨거운/이승을 건너 저승 소식 닿은 곳"인 가을 산을 맞아서 "불이야 불/산아 불 들어간다"고 한다. 이곳에는 "미움도 경계도 허물어 놓"은 평등이 자리하는 곳이다. '불판' '불 난장판'을 통해 그의 본디의 아름다운 심성, 선善을 드려다 볼 수 있는 것이다.

 다음은 제 4부「요양병원 305호실」외의 작품이 있게 한 사연을 곁들여 본다.
 그는 부모 슬하에 칠남매 중 셋째 아들, 성인이 된 후 자식 없는 숙부(삼촌) 앞으로 입양, 숙모를 양 어머니로 삼았다. 병수발 7년, 무자식인 그와 동병상련 같았던 것. 현생의 매듭을 곱다시 풀어낸, 눈물겨운 사연을 엿들을 수 있다. 따뜻한 시정신이 녹아 있어 그의 인품에 한 몫을 한다.

  필자는 배순석시인의 전체적인 시읽기를 통해서, 그의 시가 삶에 있어서의 구도求道적 자아 깨달음이라는, 무게 있는 상想을 전달한다는 느낌을 받게 되었다. 구체적으로 시인의 유년시절 시편들에서부터, 현재 그가 처해져있는 주변을 대변하는 시편들에 이르기까지, 대체적으로 차분하게 감성적으로 시를 써내고 있다는 점을 알 수 있었다.
  그는 울분을 속으로 삭힐 줄 알며, 주변을 따뜻하게 다스리는 속내 깊은 이다. 그의 이야기시가 울려주는 부분은 한정된 것이 아니라 다양하다. 그만치 그의 삶이 순탄치 않았음을 보여주는 증거가 된다. 이렇게 해서 그가 간직하고 있는 속내의 성찰, 즉 메타인식을 자신의 내면적 활동에 맞춰보고 있는 것 같다.
  그의 시가 아직도 많이 설익은 것은, 시적 이미지를 확대 재생산하고 다양한 시적 기법을 다루도록 노력함으로써, 한층 나아질 것이라 생각한다.

배순석 시집
반성 장날

지은이 ‖ 배 순 석
펴낸이 ‖ 김 보 한
펴낸곳 ‖ 시계詩界
등 록 ‖ 2010년 3월 23일, 제533-2008-1호
주 소 ‖ (53057) 경남 통영시 명정 2길 12(명정동 474-7)
전 화 ‖ (055) 642-9530. 손전화 010-4594 3555.
E-mail ‖ sigepoem@naver.com
초판1쇄발행 ‖ 2017년 3월 30일
초판2쇄발행 ‖ 2017년 5월 23일

ISBN 978-89-964291-3-4

값 10,000원

※ 잘못된 책은 바꾸어 드립니다.